清丸惠三郎

小さな会社の「最強経営」

経営指針をつくり、
実践し、
未来をひらく

THE STRONGEST MANAGEMENT OF SMALL COMPANIES

CONTENTS

※団体名、肩書、役職などは連載、刊行当時のものです。
※本書籍は２０１８～19年にプレジデント誌に掲載された、連載「実践！　会社を良くする社長学」をもとに構成されています。

CHAPTER 01

社員を解雇するな！

THE STRONGEST MANAGEMENT OF

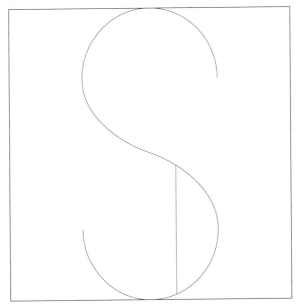

会員数が年々増え続ける経営者団体の秘密

大企業経営者も魅了された中小企業の経営者組織

本書を書き始めるにあたり、なぜ記者が中小企業家同友会（全国組織としては中小企業家同友会全国協議会＝中同協）という団体と、会員企業、経営者を取り上げようと考えるに至ったのか、そのきっかけをまず語りたいと思う。

2017年6月、ビールシーズン入りを前にして、記者はある夕刊紙における定期コラム取材執筆のために、東京・恵比寿にあるサッポロビール本社に、髙島英也社長を訪ねた。

1959年福島県伊達市生まれで、東北大学時代はラグビーで鳴らしたというだけあり、髙島氏は張りのある声で、来る《きた》べきトップシーズンの営業戦略や、少し先を見越した中長期のサッポロビールの経営戦略に関して話してくれた。

氏は大学卒業後の初任地が宮城県名取市にある仙台工場で、そこでビール醸造技術者として腕を磨き、やがて自宅も名取市内に構えたという。その後、大阪工場製造部長を経て再び仙台に戻り工場長に就任。ことほどさように、氏は仙台、そして東北地方とは縁が深い。その後、取締役経営戦略本部長、常務北海道本部長兼北海道本社代表、ポッカサッポロフード&ビバレッジ専務を歴任し、2017年1月にサッポロビール社長に就任した。

経営マターに関して一通り聞き終わって、関連質問の一つとして髙島氏に「尊敬する人物、あるいはモットーとする言葉はありますか」と尋ねたときのことだ。

「経営者などで尊敬する人はたくさんいますが、それよりも尊敬するという点で挙げたい団体が一つあります。この団体は、私が関わった中では特に凄《すご》い！」

髙島氏がいささか大仰なほどの前置きで告げた団体の名前が、「中小企業家同友会」であった。実は後述するような経緯で氏は宮城県中小企業家同友会の会員になり、その後札幌に赴任した際、北海道中小企業家同友会の会員にもなっている（現在は北海道のみの会員）。転勤先でもあらためて加入した事実だけを見ても、氏が中小企業家同友会の活動と理念に相当以上に深い同調と敬意を抱いていることが理解できるだろう。

とはいえ、サッポロビールは資本金100億円。売上高5000億円を超えるサッポロホールディングス傘下にあって、ビールなどアルコール飲料の製造販売を担う主力事業会社である。その工場長が、中小企業の団体に入会することは本来できないはずである。宮城県中小企業家同友会代表理事を務める五十嵐弘人氏が、入会の経緯を説明してくれた。

「旧知の髙島さんから、工場長としてマネジメントの勉強がしたいのだが、どこかいいところはないだろうかと相談を受けた。同友会が一番いいと思い、会社そのものは無理なので、個人の資格で入会してもらうことにしたのです」

五十嵐氏の言葉通り、「ここで学んだことは私にとりとても大きかった」と髙島氏は振り返る。

「中小企業経営者や社員が、様々に経営課題について真剣に討論しあうのです。ある会社の経営指針をつくるに際しては、（利害得失が何もない）出席者が批判したり批評したりして、よりいいものにするよう協力する……」

そうした会合を通じて技術畑の髙島氏も経営マターに関する知識を獲得し、経営者として錬磨されたのだろうと推察できた。だが氏が「（中小企業家同友会が）凄い！」と語るのは、それだけが理由ではない。その後における、まさに驚くべき体験から「凄い！」という言葉は発せられたのである。

震災時に互いの従業員の雇用を気遣うメンバー

3・11――。言わずと知れた、日本中を震撼させた2011年の東日本大震災、その直後のことである。

当時、髙島氏は本社の経営戦略本部長の要職にあり、東京に在勤していた。地震直後の混乱の中、仙台工場や東北地方の営業網、取引先の状況把握に懸命になっている過程で、その事は起きた。当時の感動を髙島氏自身の言葉で、語ってもらおう。

「震災直後に回ってきた宮城県中小企業家同友会からのＦＡＸを見て、私は本当に涙が止まりませんでした。『社員を解雇するな。われわれが支えるから、（今後のことは）相談しあおう』などという通信が、次々と送られてきたからです」

被災地、特に被害の大きかった福島、宮城、岩手各県の同友会でどういったＦＡＸやメールが飛び交ったかは第2章で述べるとして、記者はあの混乱の中、従業員の雇用を守ることを主題に掲げて行動した中小企業の経営者団体があったことに驚きを禁じえなかった。しかも自分の会社だって大変難しい状況に置かれているはずなのに、仲間であるというか、仲間にすぎない同友会メンバーの会社のことまで気にかけるとは、どういう人たちなのであろうか。その連帯感の強さにも感心せざるをえない。

バブル崩壊以降、わが国では「市場原理主義」的な思潮をベースにしたアメリカ型のドラスティックな経営手法が無批判に導入され、大企業中心に経営再建の名の下にリストラ、すなわちクビ切りが強行されてきた。「（可能な限り社員の）クビを切らない」日本的経営への回帰が少しずつ進みつつあるとは言うものの、経営者の大勢は依然としてクビ切り容認である。その延長線上に非正規社員の激増、格差社会の拡大がある。ところが同友会会員の間で交わされた通信は、社員を守り雇用を守ろうであった。

髙島氏の驚きは記者自身の驚きでもあり、氏の話を聞いた途端、一部なのか全体なのかわからないが、この中小企業家同友会という組織と会員たちの考え方を自分なりに取材分析し、世の多くの人に知ってもらいたいと強く思ったのだった。

加盟企業がドンドン増えるユニークな組織

実のところ記者はサッポロビールの髙島氏に会う時点まで、中小企業家同友会も、その全国組織である中小企業家同友会全国協議会（中同協）も名前こそ知っていたが、いかなる組織で、どういう理念と方針を持ち、どういう歴史があり、いかなる活動を行っているか、詳しいことはほとんど知らなかった。

記者がまず頼ったのは、中小企業関係の雑誌の編集長を長年務め、その方面に極めて明るい友人だった。彼に聞くと「中小企業家同友会は他の中小企業団体と違い理念的で、会員は皆さんよく勉強する。親睦的組織が多い中小企業経営者の団体にあって、かなりユニークな団体ですよ」という話だった。法律によって創設された組織でもなく、当然、国や自治体からの財政支援を受けているわけでもない。あくまでも同志的結合の自主的な会であるともいう。彼の人脈を辿り、私は東京市谷にある中同協事務局を訪ね、荻原靖専務幹事と平田美穂事務局長に会うことになった。

ここで、私は再び三たび驚かされることになる。まず髙島氏から聞いた話をすると、二人は「そのままの文言であったかどうかはわかりませんが、宮城だけでなく、福島でも、岩手でも類似のFAX、メールがやりとりされたと聞いています」と応じたのである。

ということは「社員を解雇するな。われわれが支えるから、（今後のことは）相談しあおう」との呼びかけは、宮城同友会という中同協を形成する一部組織の動きではなく、まさに同友会という組織全体の体質化された考え方に基づいているのだということになる。中小企業の団体とはいえ、今どきこうしたヒューマンで理想主義的な経営者団体があるのかと、俗な表現をすれば、あらためてびっくりさせられたのだった。

しかも友人の言葉にもあるように、中小企業家同友会は「理念的で、勉強型」の組織だという。そのまま聞くといささか窮屈な組織という印象を受ける。三段論法でいえば、まじめで窮屈な組織は心理的にハードルが高く、参加者がなかなか増えないものだ。ところが、である。

「ご存じのように中小企業の数はドンドン減ってきていますし、他の中小企業団体もそのために加入者が減りつつあります。しかし中同協だけは、バブル崩壊時にこそ一時的に減少しましたが、ここ数年は着実に会員を増やしています」と平田事務局長は明かすのだ。

経済産業省が発表している『中小企業白書』２０１７年版を見ると、01年には４６９万社あった中小企業（中規模＋小規模）は17年には３８０万社と、実数にして89万社、率にして20％近くも減っている。なかでも09年から12年にかけて、減少したうちの約4割、36万社が廃業ないしは倒産している。11年に起きた東日本大震災の影響の大きさが窺われるのだが、そうした強い逆風の中、中同協会員数は16年に4万5０００人台に乗せ、17年には4万6０００人を達成、確実に増勢基調にあるのだ。

あえて付け加えれば、19年には会員数5万人を目指しているという。この増員ぶりもまた驚きである。中同協、中小企業家同友会のどこにそれほどの魅力、吸引力があるのだろうか、記者ならずとも考え込むに違いない。

勤勉で理念でまとまる会員たち

その後、記者は２０１7年7月に中同協会長に就任した広浜泰久氏にインタビューする機会を得た。氏は１９５１年生まれ、慶應義塾大学を卒業後、三重県にある関連他社で数年働いた後、家業である潤滑油や食用油など業務用缶に用いる缶パーツメーカー、ヒロハマに入社。社長を経て現在会長を務める一方、90年から同友会活動に参加している。東京都墨田区に本社を置くが、主力工場が千葉県船橋市にある関係で、所属は千葉同友会を主として、東京同友会や大阪同友会などにも所属している。

現在ヒロハマは市場シェアが50%を超える業界のトップメーカーだが、小さいけれどピカッと光る企業に変身できたのは、「同友会活動に加わって学んだことが大きい」と氏は語る。具体的には、先の髙島氏も触れている「経営指針書」の作成運動がキーとなっているのだが、その点については同友会活動の大きな核にもなっており、あらためて詳しく記すので、ここではこれ以上触れない。

ヒロハマもそうだが、同友会加盟企業には小さいけれどもピカッと光る企業が少なくない。代表的存在は、坂本光司法政大学教授の『日本でいちばん大切にしたい会社』に登場して、世の経営者に衝撃を与えた未来工業だろう。岐阜県に本社を置く住設機器部品メーカーである同社に関して、坂本教授は同書巻2のリードでこう記している。

「未来工業は、近年、『日本一休みの多い会社』として有名です。しかし、私がこの会社を『日本でいちばん大切にしたい会社』と思うのは、日本一休みが多く、かつ残業時間が少ないから、という理由ではありません。真に社員の側に立った、社員の幸福を念じた経営が『愚直一途』に行われている会社だからです」

未来工業の二人の創業者のうちの一人山田昭男元社長は、岐阜同友会の代表理事を長年務め、その経営哲学は地元岐阜だけでなく、愛知、三重などの同友会会員に大きな影響を与えたと言われている。

要するに未来工業の経営は中小企業家同友会の推進する「いい会社づくり」と不即不離の関係に

あると言っていい。未来工業は昨今流行の「ブラック企業」に対して究極の「ホワイト企業」との呼び方もされる。東日本大震災時に会員間を飛び交った「社員を解雇するな。われわれが支えるから、(今後のことは)相談しあおう」という考えとも、未来工業の経営理念は通底している。

実は未来工業だけではなく、坂本教授の『日本でいちばん大切にしたい会社』には、北海道帯広市郊外音更町に本社を置く菓子メーカー柳月《りゅうげつ》や、東京都品川区に本社を置く日本茶の包装資材の有力メーカー吉村など、中小企業家同友会会員企業や元会員企業が取り上げられている。

記者はこの原稿を『プレジデント』誌に連載を始める7年ほど前から、政府系中小企業向け金融機関の研究所が出している月刊経営誌で「人材育成」や「ダイバーシティ経営」などといったテーマで中小企業の革新的取り組みに関して連載を続けてきた。取り上げた中小企業は基本的に経済産業省・中小企業庁がお墨付きを与えた先進・優良企業ということになるのだが、前述の平田事務局長と話していると、記者が取り上げた企業のいくつかがやはり同友会会員企業であることがわかり、驚かされたものだった。

そのうちの一社が、都内墨田区に本社工場を置く、板金加工を中心にする浜野製作所である。同社は金属部品加工の一下請け会社から、ベンチャービジネスのものづくりを助けるインキュベーターへと変身を遂げてきた、他に類例を見ないユニークな下町の中小企業である。町工場の域を出ていないが、インターンシップを含め有名大学出身者が集まっており、坂本教授の指摘ではないが、この会社の社員もまた楽しんで仕事をしている。

こうした会社を含め、広浜氏に会員数が着実に増えている理由を尋ねると、「優れた経営者を輩出してきた中小企業家同友会でしっかり勉強したいという若い経営者が増え、その人たちがまた同年齢の経営者を呼び込む形で、組織が拡大しているのです」との答えが返ってきた。

そのうえで、「理念的でよく勉強する」という点に関して、次のように説明する。

「中小企業の経営者というと、儲かるとすぐに外車を乗り回すような印象が世間にはあるが、われわれ中小企業家同友会は会員や家族がより働きやすく、かつ豊かになれる企業づくりを目指していこうという集まりなのです。ですから単に理念を追求するだけでなく、そうしたことを経営の中でいかに実現していくかを、（経営者同士）皆で日々勉強しつつやっているのです」

「社員や家族がより働きやすく、かつ豊かになれる企業づくり」を目指そうとの考えが、先の宮城同友会のＦＡＸにつながっていることは言うまでもない。

中小企業家同友会、そして中同協は、戦後様々な中小企業団体が生まれる中で、１９５７年に「中小企業家の、中小企業家による、中小企業家のための会」を旗印に結成された日本中小企業家同友会（現・東京中小企業家同友会）が出発点になっている。その後、大阪や名古屋、福岡など各地につくられ、69年に5同友会、2準備会が結集して全国協議会が結成されている。２００５年の秋田同友会の結成をもって、全都道府県に組織の網をめぐらすことになった。

広浜氏に、あらためて中同協とはどういう団体なのかと尋ねると、次のように概括してくれた。

「業種、規模の大小、考え方にとらわれず、見聞を広め、切磋琢磨して、企業の繁栄を目指そうとする中小企業家の集まりです。全国組織となって50年。あくまでも自主的に参加し、自分たちで運営し、財政も会員からの収入で成り立っている点に大きな特徴があります」

商工会議所などのように法律に定められた組織でもなく、商店街振興組合のように法律に基づくとともに、各種の公的支援策が受けられるところとも異なり、あくまでも「自主・民主・連帯」を運動の基本精神に置くこのユニークな中小企業団体、中小企業家同友会とその全国組織中同協に加わっている様々な経営者と活動、さらにはその背景にある理念などを、以下、順次レポートしていきたい。

CHAPTER 02

「大震災」未曾有の危機を生き抜く

THE STRONGEST MANAGEMENT OF

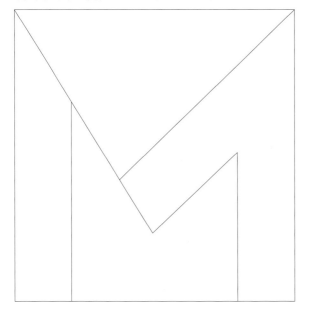

非常時にこそ活きる！磨き上げた「経営理念」

3つの「目的」と「基本理念」

「社員を解雇するな。われわれが応援するから。（今後のことは）相談しあおう」

東日本大震災の混乱の中で、東北地方の中小企業家同友会の会員の間でこう書かれたＦＡＸやメールがしきりに飛び交ったことは前章で紹介した通りだ。この言葉をもう少し深く読み込むと、発信側の経営者には社員を解雇しない覚悟があることが明らかである。だから受信側にも社員を辞めさせるなよと諭し、厳しい状況に追い詰められたなら相談に乗るとともに、できるだけ応援するつもりだと言っているのだ。

それにしてもなぜ同友会会員は未曾有の危機に際してもなお、自社のみならず会員他社の社員の雇用を守ろうとし、なおかつ他社の経営をも気にかける意識を強く持ち続けることができたのだろうか。

中小企業家同友会は結成の初期段階から、「よい会社をめざす」「よい経営者をめざす」、さらには「よい経営環境をつくろう」を「3つの目的」として掲げ、運動の基本的な方向としてきた。同時に「自主・民主・連帯の精神」を基本理念としてきた。こうした考えの中から「社員を解雇するな。われわれが応援するから。（今後のことは）相談しあおう」という呼びかけの言葉が生まれてきたのだと推察される。しかし言うは易《やす》く、行うは難《かた》しだ。経営者が会社を立て直そうとするとき、クビ切りや給与減額ほど安直な道はないからだ。

この章では、3・11の大危機の中で、具体的にその呼びかけの言葉がいつどこでどのようにして生まれたのかをまず探りながら、中小企業家同友会と会員企業の「連帯意識の強さ」と、危機に立ち向かおうとする「経営者の強靭さ」を東北の被災地3県、福島、宮城、岩手同友会の当時の活動から見ていきたい。

さすけねぇ福島、やるべ中小企業

東北の中心都市仙台を擁する宮城同友会は1000社余りの会員を有するが、うち気仙沼、石巻、仙台市沿岸地域を中心に540社以上が直接的な被害を受けた。3・11の被災当日には、早々に会内に災害対策本部を立ち上げ、被災5日後の3月15日からは連日のようにFAXで「災害対策本部ニュース」を会員向けに送り続けた。

VOL1・1号の見出しは「みんなでお互いに励ましあいながら復興に全力を尽くしましょう」

と訴えており、VOL1・2号では「このような方はぜひご一報ください」として、「①これからのインフラ復旧に伴い、操業再開に当たって資金の調達、事務所の手配などでお困りの方」「②生活物資、水などでお困りの方。全国の同友会からの救援物資が、宮城同友会事務局あてに輸送され始めておりますので、必要なものを必要な方にお届けしたいと考えております」との実際的実務的な告知が掲載されている。さらに3月19日発行のVOL1・5号には「今こそ会員同士が励ましあい、一致団結し復興に向けて全力を尽くしましょう！」と、「仲間内の連帯」を訴える同友会らしい文言が掲載されていた。

もっともその後のたくさんの宮城同友会発の通信文の中から、記者は「社員を解雇するな。われわれが応援するから。（今後のことは）相談しあおう」という、本書執筆の契機となったサッポロビール髙島社長から聞いた言葉と完全に一致する文言を見つけることはできなかった。

同じ被災地ながら、マグニチュード9の大地震に続く巨大津波の後、東京電力福島第1原子力発電所の第1から第4号機までの発電機の炉心溶融（メルトダウン）あるいは水素爆発という未曾有の事故に見舞われた福島同友会の場合はどうだったか。福島同友会は宮城同友会をしのぐ2000人近い会員を有するが、たまたまこの日、幹部のほとんどが出張中だったこともあり、まず福島や郡山など下部の地区ごとに地区会長名で「会員の皆さん、各自の事業復興に全力を尽くしましょう」などといった常識的な内容のFAXを、間を置かず会員向けに発信することになった。その後、電話、FAXが通じづらいこともあり、同友会独自のインターネット上の組織活動支援システム「e.doyu（イードーユー）」を会員向けの情報発信ツールとして活用し、情報告知が続けられることになった。

福島同友会のなかでも津波の被害が甚大で、東京電力福島第1原子力発電所の炉心溶融、水素爆発の影響が強く懸念されていた相双地区（相馬市・相馬郡・南相馬市・双葉郡）の場合、事務局名で「各自の人命の確保、安全の確認、生活の確保」と、何はともあれ重視すべき生命をはじめ個々人の大事にすべきことを先に挙げ、最後に「事業復興に全力を尽くして下さい」との文言が送信された。

安孫子健一理事長（現・顧問、建設相互測地社社長）ら福島同友会幹部が郡山市の本部に集まることができたのは、震災4日目の14日。安孫子氏らは状況確認を進める一方、東日本大震災対策本部を設置、「今こそ会員同士が励ましあい、一致団結し震災復興に全力を尽くしましょう」と呼びかけるFAXを全会員に向けて送った。その後、福島同友会では、A4用紙1枚の手書きの震災復興ニュース「さすけねぇ福島、やるべ中小企業」を頻繁に発行、バックナンバーをHPに掲載し始めた。「さすけね」は福島弁で「大丈夫だ」の意味だという。震災復興ニュースには「社員とお客様・取引先を守りぬくことが地域を守ること」という安孫子理事長のメッセージなども掲載されているが、やはり髙島氏が述べたような言葉は見つけられなかった。

岩手の中小企業を一社もつぶさない、つぶさせない

髙島氏の言葉はどこから来たのか。残された主たる被災地は岩手県しかない。しかし少なくとも岩手同友会が発信した初期のFAXには、手元に届けられたものを見る限り髙島氏の語ったような文言は認められなかった。ただそのFAXには「岩手の中小企業を一社もつぶさない、つぶさせない」「経営者の皆さん、あきらめないで!大丈夫。企業も、雇用も守れます」という他県のものより一段と力強いメッセージ性が込められており、目を通しながら記者はこれらの文言が髙島氏の言葉とかなりニュアンスが通底しあう気がした。

岩手同友会の事務局は内陸の県都盛岡市にあり、地震が弱まると事務局機能が割合早く復旧したと言われている。記者は岩手大学工学部構内の盛岡市産学官連携研究センターに事務局を置く岩手同友会を訪ねた。あの震災から7年余、まだ小雪が舞っている時期だった。岩手同友会は東北では青森とともに、最も所帯が小さい。応援してくれたのは、同友会入りして20年余りという菊田哲事務局長兼常任理事。

挨拶もそこそこに、「岩手の中小企業を一社もつぶさない、つぶさせない」というあの強いメッセージはどういう経緯で生まれたのかと尋ねた。

地震直後の大きな揺れが収まると、菊田氏は事務局員を取り急ぎ帰宅させた。書類等が散乱した

事務所内は停電しており、テレビは映らない、パソコンも、FAXも機能しない。当然、震源地がどこで、震度がいかほどで、どういう被害が起きているかなどもしばらくはわからなかった。そうした中で、会員と何とか連絡を取りたいと様々な方法にトライした。停電で通常の電話やパソコンは使えない。携帯電話は機能していたが、回線がいっぱいでどこにかけてもつながらなかった。ふと思いついて、中同協の運用する同友会会員間の情報共有の場であるグループウェア「e.doyu」に携帯から情報発信を試みた。日は落ちて周囲は暗くなるし、外では雪が降りだし、暖房機能が停止しているために室温も下がってきていた。地震直後の恐怖がまだ残っていて、菊田氏自身何をやるにしても手の震《ふる》えが止まらなかった。

11日午後4時56分、菊田氏は唯一の情報源であるラジオからの情報なども加え「e.doyu」に第1回報告を送った。「（地震から）2時間以上たった今でも震度5以上の余震が続いています。（中略）津波の被害が甚大です。河川の逆流が起こり、三陸沿岸が水没しています」といった内容だった。その後連日、菊田氏は「e.doyu」に報告を送信し続けた。一方で模造紙にこれから事務局がしなければならないこと、発信しないといけないことを次々と書き出した。

菊田氏に髙島氏の談話について話すと、次のような答えが返ってきた。「私が書いたものが回り回って髙島さんのところへ送られたのかもしれません。とにかく実状を全国の会員に知らせせつつ、被災地の会員には激励の言葉と当面の対策をお伝えし続ける必要があるだろうということで、まず手書きのＦＡＸを何通か送ったのです。その後の混乱の中で原本は行方がわからなくなってしまったのですが、そうしたことも書いたように思います」

記者は喉《のど》に引っかかっている小骨のような疑問を、どうやらこれで取り除けた気がした。だがその一方で、なぜそうした内容のＦＡＸを菊田氏が危機的とも言える混乱の渦中にあってすらすらと書きえたのかという疑問が思い浮かんだ。

回答はこうだった。「一社もつぶさない、つぶさせない、だとか、社員を解雇するな、だとかは、われわれが常に腹の中に入れている『労使見解』の考えからすれば当然のことで、それが危機のときにおのずと出てきたのだと思います」

「労使見解」の概略だけ記しておこう。同友会が重視する考えの一つで、正確には「中小企業における労使関係の見解」のことを言う。最初の「経営者の責任」の項には、「経営者である以上、いかに環境がきびしくとも、時代の変化に対応して、経営を維持し発展させる責任があります」と記され、「なによりも実際の仕事を遂行する労働者の生活を保障するとともに、高い志気のもとに、労働者の自発性が発揮される状態を企業内に確立する努力が決定的に重要」と述べている。他の中小企業団体には見られない特徴的な、労使のあり方に関する考え方だと言っていい。

また既述のように、同友会運動の中核には「自主・民主・連帯の精神」が置かれており、さらに「３つの目的」が存在する。詳しい説明は今後に譲るとして、「３つの目的」は前に記したように

「よい会社をめざす」「よい経営者をめざす」「よい経営環境をつくろう」に集約される。つまり同友会は、こうした精神、目的を有し、協調的な労使関係を築いていくことを目指し、加えて「国民や地域とともに歩む」中小企業団体であろうと、会員間で日々錬磨しているのだということになる。

手渡された10万円に涙がこぼれる

そうしたことを福島同友会の、震災直後の動きから見てみよう。福島同友会は震災当日、安孫子健一理事長（現・顧問）が業界の会合で仙台に、豆腐谷栄二事務局長（現・参与）が出先の秋田で足止めされたため、増子勉専務理事（当時、福島カラー印刷会長）を含む三役が、郡山市の本部に集合できたのは前述のように14日になってからだった。3人はまず、大震災対策本部の設置と同友会行事の当面の中止を決め、可能な限り会員への告知を進めるとともに、活動の拠点となる本部、福島、会津の3事務局の復旧活動に当たることを決めた。もう一つの拠点、太平洋側浜通りにあるいわき市の事務所は一時的に閉鎖することにした。

この間もＦＡＸや「e.doyu」を用いて会員の安否確認を続ける一方、「苦境に負けず、いまこそ中小企業家魂を発揮し、企業存続に向け全力を尽くしましょう」という理事長声明をはじめ、激励や連帯、企業復興を呼びかける声明、阪神・淡路大震災のおりに兵庫同友会がまとめた資料集を基にした緊急時の対応策などを次々と会員向けに送信した。

この兵庫同友会から送られてきた緊急時の対応策がのちのち役に立つ。しかしその間も、12日の福島第1原発が1号機を皮切りに、3つの原子炉建屋が次々と水素爆発を起こし、半径20キロ圏内の住民に避難指示、同20～30キロ圏内の住民には屋内退避指示が出た。被曝を恐れて、数日のうちに多くの県民が自主避難を含め県内外へ脱出し、その中には会員や社員も多数含まれていた。

「このままでは福島の同友会は崩壊する。いや福島県そのものがなくなってしまうかもしれない」。そうした悲壮な声さえ聞こえてきて、安孫子氏以下の同友会幹部は危機感を募らせた。なかでも福島原発の立地地域と重なる浜通り北部の相双地区会員には県内外に避難していて連絡がすぐには取れない人も少なくなく、避難所にいて会社の復興どころではない人もいた。増子氏が続ける。

「そのころ、中同協から支援のためのお金を送ると言ってきた。役員会で誰に、どういう形で、いくら配るかを論議した。そこで一番苦しい情況にある相双地区の会員たちにまず配ろう。彼らが組織から見捨てられたと思わないようにと。金額は一律10万円とし、（会員間の連帯の証しとして）役員が出向いて手渡しすることを決めたのです」

3月23日、安孫子氏や増子氏が混乱状態の続いている現地に入り、連絡のつく会員すべてに手渡しした。

南相馬市原町の本店のほか、近隣に6店舗を展開する北洋舎クリーニングの二代目経営者で、震災直後に相双地区会長を務めた高橋美加子氏は「当時、銀行のATMどころか、銀行そのものが閉まっていて、現金はとても貴重だった。だから手渡されたときは、涙が出るほど嬉しかったですね」とそのときの感激を語る。高橋氏が同友会の存在に感謝するのは、その点だけではない。

「弊社は私の両親が戦後、樺太から引き揚げてきて開業したのだが、会社を継ぐ者がいないので、どこかの時点で会社を畳むしかないと私は考えていました。しかし津波で母親を亡くした女性が、母親が身につけていた着物を何とか綺麗にしてほしいと頼んできたことや、近くにクリーニング店がない、何とか早く店を開けてくれと懇願されるお客様の声などが相次ぎ、地域で唯一のクリーニング店を閉じてはいけないと気付かされました。同友会の会合でただ唱和していただけの『3つの目的』などの持つ意味が、震災を経験することでようやく真に理解できたのです。会社は自分だけのものではない。皆が働く場所だし、地域のものでもある。なくなると地域の人が困るものだということが」

緊急避難準備地域に指定された直後、南相馬市はそれまでの7万余りの人口が1万人を切り、さながらゴーストタウンと化したが、高橋氏は3月中には避難先から戻り、4月2日には一部業務を再開した。県内外に避難した社員も高橋氏の動きを知ると、次々と戻ってきてくれたという。そうしたこともあり、高橋氏は仮に自分がいなくなっても北洋舎クリーニングを100年企業として続けたい、続けてほしいと、いま心底思っている。後継者づくり、働きやすい環境づくりなど、そのための体制づくりもすでに緒についたと、元気に満ちた口調で語る。

相双地区の会長は高橋氏から、相馬ガスを経営する渋佐克之氏へとバトンタッチされている。相馬ガスは南相馬市での都市ガス供給、その北の相馬市などでのＬＰガス事業、両市と近隣でのガソリンスタンド経営などを主業としている。渋佐氏は地域のライフラインを守ろうとの考えから、震災後も地元に残った。

その経営姿勢に共感、ライフラインを守らなければとの使命感もあり、また放射能汚染から若い人を守らなければ地域の存続が難しいとの認識もあって、グループで50人ほどいる社員の中から、年配の人を中心に10人ほどが自発的に残ってくれたという。経営指針が社員に浸透していることを窺わせる話だ。こうした社員の働きもあり、南相馬近辺のエネルギー関連のライフラインは大きな問題なく維持運営された。

この2人に加え、相双地区の同友会員を強力にリードしてきたのが、南相馬から宮城県南部に至る地域に15店舗のスーパーマーケット「フレスコ」チェーンを展開するキクチ会長（現・フレスコ会長）の菊地逸夫氏である。

「相双地区の会員は、震災の前に全員同報メールを備えていた。そのため被災直後にもかかわらず全員の居場所が把握できたのです。震災後、私は南相馬のゴミ収集を請け負っていた経営者に『いま、どこにいるのか』と尋ねたところ『新潟にいる』という。『町中がゴミだらけだ。帰ってきて頑張ってほしい』と折り返しメールした。ガソリンスタンド経営者は長野へ避難していた。『ガソリンが手に入らず、みんな困っている。早く帰ってこい』と。もちろん2人とも、すぐに帰ってきてくれました。

われわれのような中小企業は、地元に本社を置いています。それがよそに移れば、その仕事をする人がおらず、地域の人も、働く人も困るのです。その点この地区の会員は意識が高く、自分たちが地域でなすべき役割をよく知っていて、連絡すると皆さん帰ってきてくれましたね」

菊地氏の経営者間での人望、リーダーシップが窺える話だ。同友会の理念が個々の経営者に浸透していたのだともいえるだろう。キクチ社内を見ても、それは同様だ。地震発生時、菊地氏は東京に向かう東北新幹線の車中にいて、栃木県内で動きが取れない状態に陥っていた。

「物流センターが津波で流されたほか、当時、9店舗あったチェーンのうち、1店舗は今に至るも再開できていません。ただ残ったうち1店舗がその日のうちに営業を再開、再開できない店でも店長判断で惣菜のお弁当等を近所に配り、なかには翌日、損傷の少ない商品を避難所や自衛隊の駐屯地に運んだ店長もいました」という。経営理念の一つに「地域に貢献できる人財が共に育つ企業であること」を掲げ、日ごろから信頼関係を醸成し、社員教育に心を配ってきた賜物だろう。

その後、キクチは福島県側の5店舗を順次再開するとともに、宮城県南部に積極的に新規出店し、震災前の9店舗を15店舗にまで増やしている。なおかつ菊地氏は14年10月、東北地方の同業4社と持ち株会社マークスホールディングスの下での経営統合に踏み切り、社長に就任した。急激な人口減、激化する大手流通との競合といった環境下で、地域のために、働く従業員のために、ということで決断したのだと菊地氏は語る。震災直後、社員の一部解雇、再雇用と意に反した行動を取らざるを得なかった苦い思いが残るからこそ、積極攻勢に出ているのであろう。

日本全体で見ると30年後に来るはずの人口減などの諸問題が、この地方でははるかに早くやってきた。それでも逃げずに、同友会の諸原則を胸に叩き込み、「地域とともに、従業員とともに」を掲げ、全知全能を傾ける経営者が一人ここにいる。

脱原発の新エネルギーを大きなチャンスに！

牛乳販売者もエネルギーシフト

東日本大震災は、福島相双地区に限らず、東北地方の同友会会員に前向きな新たな動きを促した。例えば岩手中小企業家同友会である。

２０１８年4月13日夕刻、岩手大学構内にある岩手県同友会事務局の会議室に、40代から70代の、背広姿もいれば、いかにも現場から駆けつけたばかりと見える作業着姿の人も含め、15人ほどの会員が集まってきた。業種も電子部品、内装、養豚などと多岐にわたる。桜前線はこの時点ではまだ盛岡にまでは到達しておらず、外は外套無しだと肌寒い。

この日、岩手同友会では会員有志が参加する「エネルギーシフト研究会」が開かれることになっており、彼らはそのメンバーなのである。ほかにアドバイザー的な立場で岩手大学大学院の中島清隆准教授なども参加している。今回は菊田事務局長の企画で、06年9月にNHKで放映されたエイモリー・ロビンス博士と彼が主催するロッキー・マウンテン研究所に取材した「未来への提言」という50分ほどの番組ビデオを視聴し、その後、出席者が意見交換をすることになっていた。

ロビンス博士はアメリカの物理学者で、早くから地球温暖化に危機感を抱き、今日、再生エネルギーと環境問題の世界的権威として知られている。コロラド州にある彼のロッキー・マウンテン研究所の建物は1980年代に造られたものだが、標高2011メートルという高地にあって夜間の年間平均気温がマイナス15度にまで下がるにもかかわらず、建物内は平均15度ほどに維持されている。石油やガスなど化石燃料をドンドン燃やして暖房しているわけではもちろんない。太陽光を室内に十分に取り入れ、特殊な四重窓で気密性を高め、しかも蓄熱性の高いコンクリート壁などを活用して、暖房費がほとんど不要の省エネ設計になっているのだと説明されていた。

ビデオ放映が終わると「ずいぶん古い番組だな」と苦笑しつつ、出席者はそれぞれの立場、エネルギーシフトへの取り組みを踏まえて次々と意見や感想を述べ始めた。

「この研究所はコスト・パフォーマンスがしっかり考えられている。こうした考え方を共有できれば、岩手でもエネルギーシフトに関していろんな取り組みができると思いますね」

「エネルギーを〝地消地産〟という点で見ると、未利用エネルギーがおよそ半分あり、しかも利用されているとされる半分のうち、実に半分が捨てられている。特に60度から120度の低熱エネルギーが使われていない。これを地域でどう活用するか。私どもは地域の企業と連携して低熱エネルギー利用の技術開発に取り組みたいと思っています」

「うちは小さな牛乳販売業者ですが、同業者12人と協力し合って、断熱パネルを用いた倉庫を造ることにした。結果、電気代が大きく削減される見通しです。このような地域エネルギーのストーリーを作っていくことで、われわれのような小企業でもエネルギーシフトを推進できるのではないかと考えています」

熱心に発言が続き、それに対する質疑等もあり、討議は予定の時間をはるかにオーバーし、後半に予定されていた様々な報告は駆け足ですまさざるをえないほどだった。

経営メリットはどこにあるのか?

東日本大震災、ことに福島における原子力発電所の事故は、反原発運動の高いうねりを代表に、原子力安全神話に安閑としていた日本社会に深刻な問題意識を引き起こし、中小企業家同友会に加盟する経営者たちにも同様に大きな衝撃を与えたことは否定できない。結果、福島にとどまらず全国的視野で、今後のエネルギー政策のあり方、原発の安全性、自然エネルギーや再生可能エネルギーによる地域の再生や中小企業としての取り組みなど、総合的に、かつ新たな問題意識をもってエネルギー問題に立ち向かおうとの機運が組織内に急速に高まった。そこで当時の鋤柄修中小企業家同友会全国協議会(中同協)会長(現・相談役幹事)の強いリーダーシップもあって、新たに研究会が立ち上げられることになった。

2012年8月のことで、組織の略称は「REES」（The recovery from the Great East Japan Earthquake & the Shift to a "sustainable society"、つまり「東日本大震災からの復興と持続可能な社会をめざして」）と名付けられ、正式名称は中同協東日本大震災復興推進本部研究グループとされた。研究会は18年1月、東京・中野で開かれた会合ですでに18回に達するが、その間、「中小企業家エネルギー宣言」を取りまとめ、16年7月の中同協総会でこれを採択に持ち込んだだけでなく、それに先立ち震災3年目の13年には脱原発・エネルギーシフトの先進国であるドイツ、オーストリア、スイスといった国々へ視察団を派遣した。

ここで簡単に中同協における「中小企業家エネルギー宣言」の文言を紹介しておこう。まず基本理念として「エネルギーシフトで持続可能な社会をつくりましょう」を掲げ、「私たちは、命と暮らしを基本とした新しい持続可能な経済社会をつくることをめざします」「私たちは、原子力・化石燃料に依存しないエネルギーシフトに取り組み、地域と日本の新しい未来を切り拓きます」「私たちは、中小企業の力を発揮して、環境経営に取り組み、地域の再生可能エネルギー創出による新しい仕事作りに取り組みます」という3つの方針を謳っている。

このREESの活動や「中小企業家エネルギー宣言」に突き動かされるようにして、スタートしたのが被災地の一つ岩手県中小企業家同友会の「エネルギーシフト（ヴェンデ）」というユニークで先進的な活動である。「エネルギーシフト」と聞くと、多くの人は脱原発、太陽光や風力発電などの再生可能エネルギーへの転換を想像するに違いない。だが岩手同友会のそれは、ドイツ語の「ヴェンデ」、すなわち「変革」を意味する言葉を用いていることからもわかるように、単なるエネルギー源の転換ではなく、エネルギーのあり方を本質的に、かつ生活レベルで幅広く問い直そうとの問題意識で成り立っている。さらに言えば、そこに地域に密着した中小企業にとってのビジネスチャンスや、省資源・省エネなど経営メリットを見出そうということでもある。

東北の厳しい寒暖差もしのげる住宅

岩手同友会が「エネルギーシフト（ヴェンデ）」に取り組む契機になったのは、事務局長の菊田氏の、中同協主催のドイツ・オーストリア視察団（以下、欧州視察）への参加である。「震災3日目から連日、（三陸沿岸部の）被災地へ入って支援活動を行っていたが、これからの地域の姿、地域を支えるはずの中小企業の姿がそこでは全く見えてこなかった。ある意味で思考停止のような状態に陥っていて、落ち込むばかりだった。そうしたときに、中同協から欧州視察に同行しませんかと声がかかったのです」と菊田氏。

集合地のスイス・チューリヒ空港に降り立ったあと、菊田氏らはドイツ南部の大学都市フライブルクに入った。ここは先進的な環境都市としても知られ、緑の多い町中にはトラム（路面電車）が走り、乗用車の中心部への乗り入れは制限されていた。菊田氏は、津波で町並みが跡形もなくなった、陸前高田市や南三陸町など被災地とは全く異なる、チューリヒやフライブルクの落ち着いた町並みや人々の穏やかな生活ぶりを見て衝撃を受けた。地域の工務店が共同で運営する住宅展示場を見学に出向くと、住宅の外壁は30センチ以上が一般的とされ、窓は三重窓で、南側の窓には必ずブラインドをつけなければならないなど厳しい建築基準が課せられていた。断熱と省エネが徹底されているのだ。市街地では新築は建てられず、すべてリフォーム。したがって高い収益性を求める大手ゼネコン、住宅会社は撤退し、地元の中小業者に仕事が集まる仕組みになっていた。

視察中、菊田氏がさらに驚かされたのは、日本では大きな寒暖差による「ヒートショック」で死亡する人が年間1万人を超えるとされ、最も深刻な地域が岩手県など東北地方だと、案内の日本人環境ジャーナリストに聞かされたことだった。「岩手でも冬場、脳卒中などで倒れる人が多いのは確かで、しかしそれは塩分の多い食事などが原因だと聞かされてきた。そうではなく、住宅設備や環境が劣悪だからだと聞かされて言葉を失いました」

菊田氏は視察中思索を重ね、エネルギー云々にとどまらず、社会変革、生き方改革こそが自分たちのテーマでなければならないと考えるようになった。こうした経緯もあり、岩手同友会の取り組みは「エネルギーシフト（ヴェンデ）」へと舵が切られることとなる。

岩手の会員には建築や内装、あるいは設備関係に携る経営者も多い。フライブルクのような住宅リフォームを地域に根付かせることができれば、地元企業に新たな仕事が生まれる。他にも新しいビジネスのアイデアが、視察で巡っているうちに菊田氏は見えてきたように思われた。

帰国すると、氏はこれはという会員を欧州視察に誘った。最初は反応が鈍かったが、「新しい仕事が必ず見つかるから」と繰り返すうちに賛同者が増え、翌14年2月には研究会が発足、15年3月には岩手同友会単独の第1回視察団が出発する。その後3回にわたり視察団が派遣され、18年秋にも第5回視察団が派遣された。視察先は大きな装置と無駄のない循環で農家が発電し、地域の家庭や学校に供給しているドイツのエネルギー自立村フライアムトや、社員六十数人の地元中小企業が供給する集成材とコンクリートのハイブリッド建材で、高層かつ快適空間を実現しているオーストリア・ドルンビルン市など、そのたびに異なる。

年間200万円のコスト削減効果

岩手同友会の村松幸雄代表理事（現・相談役理事）は「菊田さんの上手なそそのかしに乗せられた」と笑顔に冗談を交えつつ、最初は躊躇していた会員たちも「欧州視察で、われわれは中小企業のあり方、エネルギーへの取り組み方などにいたく感動することになった」と語る。会員経営者は帰国すると自らの感動を社員と共有し、自社の施策に生かそうと幹部や社員に語りかけたという。

だが、なかなか理解が得られなかった。そこで、社員をも視察に送り込むことにした。圧倒的な体験をして帰国してきた社員の言葉で、初めて社内に「エネルギーシフト（ヴェンデ）」の機運が生じてきたと、村松氏はじめ会員は口を揃える。

各会員はエネルギーシフトに関して戦略とでも言うべき考えを抱くようになり、例えば文具や事務機を扱う傍ら、オフィスや商業施設の施工・内装を手掛ける平野佳則平金《ひらきん》商店代表取締役は、「エネルギーシフト（ヴェンデ）」には順番が大事で、「使うエネルギーの量を少なくする省エネルギー」「エネルギーを無駄なく使う高効率」、そして「再生可能エネルギーの利活用」の順だと語る。自社の築40年の本社オフィスもその考えで改修したという。先の村松氏は、前二者については同様だが、再生可能エネルギーなどに関しては「自給自足」を、そして「地元の中小企業から実現していく」ことの重要性を指摘する。

その村松氏は、娘婿の守氏に社長職を譲り、今は会長を務める住宅設備関連企業、信幸《しんこう》プロテックで「エネルギーシフト（ヴェンデ）」を実践している。「設備の総合病院」を目指している同社は、盛岡市郊外の矢巾町にあるが、隣接した自宅の屋根や会社建屋の一部、それに近傍の借地など6カ所に太陽光発電を設備しているのだ。自宅も17年、床だけだが断熱仕様に替えた。「築30年ほどたっているが、冬場でも孫たちがはだしで飛び回っている。数年前に全面リフォームしたのだが、このときに床だけでなく、天井や壁面、窓も併せて断熱構造にしておけば、エネルギーコストを大幅に下げられたのにと、いま悔やんでいます」と苦笑いする。

そうした経験をも併せて、村松氏が経営者として考えているのは、地域の建築や住宅設備関係企業と協働して、地元の人たちに自宅を簡単に新築するのではなく改築するよう働きかけようということだ。「（大手メーカー製のプレハブ住宅などの）新築に比べコストは4分の1ですむ。加えて省エネタイプであれば、維持費も安くすむ。しかも施工にあたるのは地元企業。地元にお金が落ちるわけですから、地域にとってもメリットがある」。省エネ・断熱タイプの住宅リフォームで地域の活性化をと、村松氏は意欲満々である。

この村松氏やエネルギーアドバイザー長土居《ながどい》正弘氏らの協力を得て、自社の自動車学校を「35年間陳腐化させない」を目標に高気密・省エネ型に建て替えたのが、やはり岩手同友会代表理事を務める田村満氏だ。高田自動車学校のトップとして、県内で4つの自動車学校を経営する氏は、平泉町にある校舎が老朽化してきたこともあり、震災後、建て直すことを決めた。「エネルギーシフト（ヴェンデ）」の研究会には初期から出席していたが、当初はむしろ「かわいい建築」を志向していた。しかし岩手同友会の欧州視察などを経験し、また夫人の後押しもあり、「（新しい学校は、岩手や東北の）未来につながる、未来に向けた建物にしたい」と考えるようになったのだという。

国道4号線を、盛岡方面から南下、世界遺産中尊寺の山裾を抜けてしばらく行くと、木造2階建てのシックな建物が見えてくる。これが２０１６年11月に竣工した平泉ドライビングスクールの新校舎である。「ヒートショックで多数の死者を出している東北地方の今後の建物のモデルになるようなものを」と田村氏が目指しただけあり、屋根は2重で、なおかつ十分な断熱材が入っている。

壁面も同様。窓材も断熱性能の高いものが使われているほか、空調にも十分意を用いており、冬も夏も快適に過ごせるように造られている。同校の関清貴係長によると「以前に比べると、年間2000万円のエネルギーコスト削減が可能になりました」という。居合わせた生徒に尋ねると、「建物も素敵だし、室内環境もとてもいいので、ここを選びました」と話す。省エネ面だけでなく、生徒募集にも効果が出ているのだ。

田村氏は平泉ドライビングスクールで使われた様々な省エネ技術を建築途中から公開する一方、工事に当たっては岩手同友会のエネルギーシフト研究会の仲間にも協力を求めている。省エネ建築の地域リーダーづくりに貢献したいとの強い想いからである。

CHAPTER 03

経営指針をつくり、いい会社を目指せ

THE STRONGEST MANAGEMENT OF

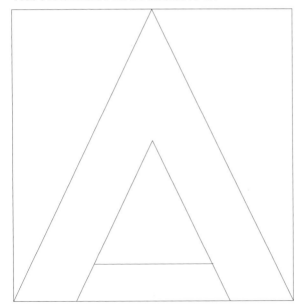

なぜ「経営指針づくり」が経営者を育てるのか？

MBA出身者との意識の違い

第1章において、現在、中小企業家同友会全国協議会（中同協）会長の広浜泰久氏が経営するヒロハマのことを、「小さいけれどピカッと光る企業」と記し、そうした企業に変身できたのは、「同友会活動に加わって学んだことが大きい」と広浜氏は語っていると書いた。広浜氏が語る「学んだこと」とは具体的には、髙島氏も触れている「経営指針」の作成運動にかかわってのものだと言って間違いない。

この章では、1977年に「経営指針を確立する運動」をスタートさせて以来、中小企業家同友会が基幹的な活動として組織を挙げて推進してきた、この「経営指針成文化」という活動の内容とそれがいい会社づくりにどう関わっているのかに関してレポートしていきたい。

同友会における経営指針づくりは、経営コンサルタントなどが主導する、多くは経営者に主眼を置いたものとは異なった特色があり、「経営理念」「10年ビジョン」「経営方針」「経営計画」の4項目の要素から成り立っている。それぞれの内容、なぜそうなったかについての説明は後段に譲るとして、この各同友会の成文化セミナーに参加し、修了証を得ることは、真面目に勉強し、活発に議論を戦わす中小企業家の集団、中小企業家同友会の真のメンバーとなるための、実に厳しい第一関門だと言っていい。

中小企業家同友会全国協議会前会長の鋤柄修相談役幹事によると、「かつて一部の同友会の活動は飲み会などの交流にとどまっており、小さな同友会では組織が脆弱なために経営指針セミナーを独自に開くこともできなかった」という。会員の質にばらつきがあり、各同友会の体質にもかなり違いがあったのである。

しかし、バブル経済の崩壊を受けた90年代半ばから、それではいけないということで「経営指針を確立する運動」が広く各地で根づいていき、それにともなって「3つの目的」から始まって「労使見解」などに至る同友会の基本理念、原則が浸透していき、今日のようによし悪しは別にして、いささか金太郎飴的な同友会組織が成立したと見ていい。「今では都道府県をはじめとする各地方自治体の同友会に寄せる信頼度は、まじめに勉強している団体である点を含め、かつてないほど高まっている」と鋤柄氏は、長い苦闘の成果をこのように語る。

そう見てくると、同友会運動の活性化のベースにあるのは「経営指針成文化」活動であり、そこでまず挙げられるべきは、「経営理念」の作成であることは間違いあるまい。

もっともこの点に関して、変化の激しい現在、今さら「経営理念」などといったお題目を唱えてみても始まるまいという声が、若い経営者の間から聞こえてきそうである。実は同友会に入会してくる人たちの間にも、そうした声はなくはないと聞く。経営は技術と捉えるMBAを取得するためのビジネススクール出身者などには、ことにそうした傾向が見られるようだ。また彼らはアメリカ型のトップダウン型経営になじんでおり、経営理念をつくるにしてもトップが自らの経営哲学に即してつくればいい、その理念を受け入れられる社員のみが付いてきてくればいいのだという割り切った考え方をする人も少なくない。

しかし、2001年に起きた世界的なエネルギー会社エンロンの経営破綻などを機に、お膝もとのアメリカの有力MBAではコーポレートガバナンスとともに、経営者の倫理性を講座に組み込む傾向が強まってきたとされる。

別の言い方をすると、資本主義経済、自由主義経済の本場であるアメリカでも、あらためて企業の社会的責任（CSR）と経営者の倫理性、その規範となる経営理念が重視されるようになってきているのだと言って間違いない。露見さえしなければ、利益を上げるために企業や経営者は何をやってもいいという時代は終わりを迎えているのだ。

著者自身も企業における「経営理念」の重要性を認める一人だが、そうなったのは、近江商人や松阪商人など日本の伝統的商家が創業者あるいは中興の祖が書き残した家訓、あるいは遺訓を遵守することによって何世紀にもわたり生き残ってきたという事跡を数多く学んできただけでなく、自ら以下のような事例を目撃したからである。

断トツのシェア、アサヒビールの教訓

もはやライバルとさえ言えないほどの断トツ、キリンビールとのシェア差50％余をひっくり返して、戦後最大のヒット商品と言われたアサヒビールの「スーパードライ」。その商品力と発売時の社長、樋口廣太郎氏の経営力については、万巻と言ってもいいほど多くの書籍が刊行されており、今さらここで繰り返すこともあるまい。

しかし、「スーパードライ」の大ヒットと樋口氏の成功には前史がある。樋口氏の前任社長として、1982年に同じく住友銀行副頭取からアサヒビールに乗り込んできたのは村井勉氏である。村井氏は東洋工業（現・マツダ）の再建に注力した後、銀行に戻ると関西経済同友会代表幹事を務めた。

このおり半年にわたりアメリカ企業の視察に赴いた村井氏は、優良企業であればあるほど実践的で優れた経営理念を有していることに着目する。なかでも感銘を受けたのは、ヘルスケア・医薬関連企業として知られるジョンソン・エンド・ジョンソンの、「顧客に対する責任」「従業員に対する責任」「地域社会に対する責任」「株主に対する責任」の4カ条からなる経営理念〝Our Credo〟

（我らが信条）だった。ちなみにジョンソン・エンド・ジョンソンに限らず、デュポンやロレアルといった老舗や高級ブランドはもとより、アマゾンやフェイスブックなど新興企業に至るまで、欧米企業の多くは経営理念を有している。

村井氏はアサヒビール社長に就任すると、「夕日ビール」と揶揄されながらも名門ゆえに危機感の乏しい社風の刷新が何はともあれ緊要だと考え、新たな「経営理念」の作成を急ぐことにした。作成を命じられたのは部長会メンバー15人。彼らは部下の意見を聞きつつ文案をまとめ、何度か差し戻されたうえで、ようやく村井氏が納得する成案に行き着く。およそ4カ月かけての作業だった。

新しい経営理念は、「わが社は、酒類、飲料、食品、薬品などの事業を通して国の内外を問わず、すべての人々の健康で豊かな生活文化の向上に役立ち、社会に貢献し、社会の信頼を得て発展する企業をめざす」というもので、同社の新生を予感させる、みずみずしい文章となった。加えて消費者志向、品質志向、人間性尊重、労使協調、（取引先や関係会社との）共存共栄、それに社会的責任の6項目について具体的な考えを付記している。同時に社員の日々の活動規範となる10項目の「行動規範」を策定、これを胸ポケットに入るほどの小冊子にして全社員に配っただけでなく、各職場で唱和するように指導、全社的浸透を図った。

一方で村井氏はＴＱＣ（トータルクオリティーコントロール）やＣＩ（コーポレートアイデンティティー）を導入、全社的品質管理と企業イメージの刷新にも手を付けた。この時期、村井氏の手足となって働いたのが、当時、広報部係長だった現在のアサヒグループホールディングス会長の泉谷直木氏である。

村井氏の「経営理念」策定を軸にしたアサヒビールの体質変革は、社員の意欲を掻き立てて、86年2月には「スーパードライ」の先駆けとなる「コクキレ」の通称で知られた「アサヒ生ビール」が売り出されることになる。この年、アサヒビールのシェアは反転上昇を始め、翌87年3月の「スーパードライ」発売へとつながっていく。

アサヒビールの場合、「経営理念」の策定が社風、企業体質を一新し、希有の大ヒット商品を生み出しただけでなく、その過程で次代の経営トップをも育てたと言えなくもないのである。

会員に共通する「勉強する」姿勢

2018年4月27日午後5時、記者は千葉県の成田空港にほど近い八千代市の市民会館を訪れた。この会館の一室で千葉同友会の「経営指針成文化セミナー」が開かれることになっていたからである。

会場にはやや緊張した面持ちの、20代から40代と思しき男女16人に、それより数歳上か、同年輩の、ほぼ同数の男女、それに数人の事務局関係者が姿を見せていた。前者はセミナー受講者であり、後者は経営指針づくりを目指す受講者に様々に問いかけ、問題点があれば気付かせる役割を果たす運営スタッフと呼ばれる人たちである。彼らはやがて、4つのグループに分かれて着席した。

運営スタッフの一人が各グループをリードするリーダーとなり、他の運営スタッフはオピニオンなどと呼ばれ、ほぼマンツーマンで受講者を支援する役割を担う。つまり、話が行き詰まったり、受講生の理解が行き届かなかったりしたときに適切なアドバイスをするのが彼らの役目である。

受講生はこの日のオリエンテーションを手始めに12月4日の経営指針の発表・修了式まで、足掛け9カ月にわたり8回の講義を受けることになっており、この間の参加費として9万8000円を支払っている。宮城同友会の場合、「経営指針を創る会」と呼び習わしており、発表会なども含め12講座、期間もフォローアップも含め延べ6カ月間と同じだが、各講座一泊を基本として宿泊費、食事代などを含むため22万円とかなりな高額になっている。京都同友会では「人を生かす経営『実践塾』」などと呼称している。

そのうえ、これはいずれの同友会の場合でもそうだが、事前に読むべきテキストが決められていて予習が必須であるうえ、毎回の講座終了時に出される宿題は期限内の提出厳守である。遅刻、欠席、早退は認められず、1回でも禁を破ると修了できないことになっている同友会もある。実に厳しいと言っていい。このほか受講者は経営者か、後継者で、かつある期間内に事業を承継することが決まっていることとされる。加えて宮城県のように直近3カ年の決算報告書の提出義務を課すとともに、所属支部の支部長の承認を求める同友会もある。

これだけを見ても経営指針成文化セミナーでは、参加者は真面目に、かつ誠実に取り組むこと、会社も自分自身も裸になって立ち向かうこと、さらにそうした覚悟を有する経営者であることが要求されているとわかる。

千葉同友会のこの日のセミナーではまず、「なぜ受講を決めたのか」という、割合初歩的とも思われる質問が受講者に向けられた。ある農業法人の代表者は「非常に難しい時代になってきた。これからどういう方向に時代が動いていくのかをここで勉強したい」と語り、ある二世経営者は「近い将来、社長になるに際して、何か一つ経営指針を社員に示したい。そのための勉強をしたい」と答えている。このように参加者の間では、まず勉強するという姿勢が共通して強いことが理解できる。

なかには、人材派遣会社を経営し、急激に業績を伸ばしている若手経営者のように、「昨日、同友会大学を卒業したばかり。仲間から（セミナーは）大学よりもだいぶ苦しいぞ。しかし、勉強にはなるから、頑張れと励まされてきた」と意欲的に話す人もいる。ちなみに同友会大学は、同友会会員企業の経営者、社員が、世界経済、日本経済、あるいは中小企業論などを学び、総合的な知識を獲得し、教養ある人材に脱皮するのを支援する同友会独自の教育システムである。北海道などのように幹部社員向けの「同友会大学」、経営者向けには「経営者大学」と呼ぶところもある。

何のために経営していますか？

ただこの経営指針成文化セミナーの厳しさは、実はいま述べたことだけではない。かつて千葉同友会の代表理事を務め、このセミナーの第1回の受講生だった笹原繁司氏は、数年前、埼玉同友会の経営指針成文化セミナーで次のような体験談を披瀝している。

笹原氏は北海道出身で、石川島播磨重工業（現ＩＨＩ）社員や劇団員など多彩な職歴を経て、1991年に松戸市で警備会社綜合パトロールを立ち上げたという、パワー溢れる、ある種、立志伝中の人物である。

96年に同友会に参加した笹原氏は、いろいろな経歴の人が交じっていて、無断で休んだり、平気で遅刻してきたりする警備員たちを、同友会で学びたての委員会活動により会社の求める人材に鍛えなおそうと懸命に取り組むが、全くうまくいかなかった。そこで悩んだ笹原氏は、千葉同友会の経営指針成文化セミナーに参加する。以下、笹原氏の言葉を一部補いつつ記す。

「まず、『何のために経営していますか』と聞かれ、（お金でしょう、食うためでしょう）と思い、次に『どんな会社にしたいですか』と聞かれ、（俺がどうしようと大きなお世話だろう）、変なことを聞くセミナーだなあと思いました。『あなたにとって社員とは何ですか』社員？　給料払っているんだから仕事するのは当たり前だろ！　そう思っていましたが、あらためて何のための会社、誰のための会社……と自分なりに考えてみました。やがて『俺の会社だ』、単純にそう思っていた自分に気付いたような気がします。とにかく焦ってお金儲けしようと考えていました。（社員が自分の考えるように働いてくれないのは、経営者である）自分に（原因が）あるなんて考えたこともありませんでした」

「自分に原因がある」という笹原氏の気付きについては後段で触れることにして、4月27日に八千代市市民会館に集まった人たちも、このあとの講座で笹原氏が問いかけられたのと同様に、「あなたは何のために会社を経営していますか」「どんな会社にしたいですか」、あるいは「あなたにとって社員とは何ですか」といった、根源的でそれゆえ単純な儲け主義や拡大主義に立っていては簡単には答えられない、経営哲学と関わるような問題を突きつけられていくことになる。先に述べた厳しさとはまさにそのことである。

この日の運営スタッフの一人で、柏市で夫人とともに「うさ坊」という趣味の工房を営んでいる星野哲氏は、サラリーマン時代に経理事務、コンピューターシステムを熟知するポジションを経験、その後入社した会社では、5年にわたり民事再生の業務を体験した。

企業の強み弱み、経営者の問題点を熟知する星野氏から見ると、受講者には次のような傾向があるという。「女性は現実的で、利益というか、数字に目がいきがちです。対して、男性は理想というか、ドリームを追いがち。現実との間にある狭間に落っこちて、つまずくことが多いように思います」

そこを見極めながら、地に足がついた企業づくり、理念づくりに向けてアドバイスしているのだという。

とにかく経営指針成文化セミナーでは、出席者一人ひとりの、経営力だけでなく、経営者としての哲学や人間性までも、自らが考え込み、考え直さざるをえないように、追い立てられていく。経営者としての生き方や考え方、経営姿勢が鋭く問われているのだ。

そこに至って初めて、これまで何度も触れてきた同友会の諸原則、諸原理が、自らが発見する形で、「救い」として立ち現れてくるのである。

経営者は、飲み代をすべて自分の財布から払え

いつかはクラウン、という凡庸な経営者

経営者は何のために企業を経営しているのか、会社は誰のためのものかという根源的なテーマに対して何度も自問自答を繰り返し、自身の考え方を改め、人間性を磨いていく。この過程で、経営者はどのような変貌を遂げていくのだろうか。

中小企業家同友会全国協議会（中同協）前会長の鋤柄修相談役幹事は、自身の近著のタイトルが『経営者を叱る』ということからもわかるように、周囲に厳しいだけでなく、己を律することにおいても厳格な企業人である。「会社を私物化して自分の財産を貯めるな」「交際費といえども、飲み代は自分の財布から払え」と、並の中小企業主なら顔をしかめそうな厳しい言葉を次々と吐くが、それが言えるのは自らがこうした徳川家康やトヨタを生んだ三河人らしい廉直な生き方を貫いてきたからにほかならない。

鋤柄氏は１９７１年、29歳のとき、同じ高校から共に三重大学に進んだ友人が立ち上げた零細べ

ンチャー企業に入社した。自治体や団地、大型商業施設などに設置される上下水道などの水処理プラントのメンテナンス・運営を受託する会社で、現在、鋤柄氏が名誉会長を務めるエステムの前身である。しかし、その時点では、社長一族を含め在籍者はわずか5人にすぎず、鋤柄氏はその5番目のメンバーだった。

大学を卒業すると大手製パン会社のフジパン（当時は富士製パン）に入社。その後、結婚を機に夫人の実家の家業であるビスケット工場の経営を助けていたのだが、その会社があろうことかフジパンに買収されることになり、入社後に予想される複雑な人間関係を忌避したいと考え、鋤柄氏は名古屋市内にあった友人の会社への転職を決意したのである。

環境問題が重視され始めた時代であり、社業は順調に伸びていった。会社は当初、友人と別の会社との合弁の形態を取っていたが、自主的な経営を求めて出資してくれていた会社の株式を買い取り、その際、鋤柄氏も出資し、オーナー経営陣の一角に加わった。当時の夢は「社長はトヨタのクラウン、私はマークⅡに乗ることだった」というから、そのころの鋤柄氏はよく見かける、儲けたら好きなように自分が使いたいと考える中小企業経営者の一人だったと言っていい。

だからといって、経営に手を抜いたわけではもちろんなく、自ら農芸化学科出身ということもあり「技術者集団」を標榜して社員教育に力を入れるとともに、今日で言うＣＩ（コーポレートアイデンティティー）の確立に努めたりもした。結果、収益はさらに伸び、79年9月期決算では想定以上の利益が出た。税金に持っていかれるくらいなら社員に還元しようと、鋤柄氏ら経営陣は考えた。「鉛筆なめなめ」とはいうものの、人事考課を三段階に分けて行い、適正と確信してボーナスを分配した。特に問題視するにあたらない。稚拙かもしれないが、経営者としては良心的とも言っていいだろう。

しかし、社員の受け取り方は違った。社員数はすでに40人近くに増えており、かつてのような和《わ》気靄々《きあいあい》とした家族的な雰囲気の会社ではなくなっていた。翌80年年明けに突如、労働組合が社内に結成される。しかも最高評価の社員を含め、ほとんど全員が参加していた。

組合発足で裏切られた思い

驚天動地。このことが経営の大きな転機となった。鋤柄氏ら経営陣はボーナスの件も含め従業員のために良かれと思って経営してきたこともあり、裏切られたとの思いも抱かないではなかった。だが力ずくで労働組合と対抗するのではなく、自分たちの経営者としての力量を高め、組合としっかり向き合おうと決意した。会社が順調に成長する過程で、自分たちが自身の姿を見失い、社員の心と離れていったとの反省もあったからだ。

そこで社長と2人、学びの場を求めて様々な経営者団体に加入した。そうしたおりに鋤柄氏が目にしたのが、地元の愛知中小企業家同友会が「経営指針」の成文化運動を行っているとの新聞記事だった。鋤柄氏はすぐに入会手続きをとった。愛知同友会は1962年に名古屋中小企業家同友会として発足、東京、大阪に次ぐ歴史を有している。会員数は現在、北海道に次いで全国第2位を誇る。

ここで鋤柄氏は修羅場をくぐり、経験豊富な多くの経営者に出会い、同時に同友会内に蓄積されている意見や見解などを学ぶ中から、対労働組合問題だけでなく、様々な経営課題への対処策や経営者のあり様《よう》について学習することになる。

ことに鋤柄氏が刮目《かつもく》させられたのは75年に中同協が発表した「中小企業における労使関係の見解」、すなわち「労使見解」であった。「労使見解」には「経営者の姿勢はいかにあるべきか」を第1項、「労使は対等」とする第2項など、8つの主要論点があるのだが、鋤柄氏が何よりも注目したのは「社員を最も信頼できるパートナーと考え、高い次元での団結を目指し、ともに育ちあう教育を重視する」という考え方だった。この時点で愛知同友会は、「中小企業はまず、資金や利益といったお金のことを先に整備しなければならない」という考えが主流だったが、鋤柄氏は中同協の考えのほうが理にかなっていると考えた。氏は以降、「労使見解」を「自らのバイブルのように扱い、さまざまな場所で紹介している」と、先の『経営者を叱る』で記している。

鋤柄氏は91年にエステムの2代目社長に就任、先代社長時代に定めた自社の経営指針を数年間かけて幹部社員とブラッシュアップするとともに、「三つの目的」など同友会の基本理念を自社の経営指針と経営に落とし込んでいった。

鋤柄氏は、幹部、社員との意思疎通を密にし、一方で社員の定期採用をスタートさせるとともに、教育をさらに充実させる。その中で、業績は一段と拡大していく。従業員数だけ見ても、2017年10月時点で419人（出向、派遣等を含む）に達しており、事業拠点も愛知県など東海地方だけにとどまらず、北海道や新潟県にまで及んでいる。ちなみに17年9月期の売上高は47億4000万円、資本金7000万円である。成長力を示す数字だけでなく、経営体質を見ても自己資本比率はほぼ50％に達する。しかも現在の社長（4代目）塩﨑敦子氏は定期採用した一期目の技術者出身で女性というように、先進的企業に変貌している。

鋤柄氏は社業の一方、同友会活動にも力を入れ、1995年に愛知同友会代表理事となり、2000年にエステム会長となると、翌々年の02年には中同協幹事長に就任、さらに07年から16年まで会長を務めた。それだけに全国各地で、同友会が推進する活動に関わって、講演や相談に乗った経験を豊富に有する。

誰のための経営指針か？

ここで、なぜ同友会が経営指針の成文化運動を全国的に展開しているのかについて記し、次いで経営指針作成セミナーのカリキュラムの基本的内容を概観しておきたい。

まず前者についてだが、中同協が発行している「経営指針成文化と実践の手引き」と題する冊子には、次のように説明されている。「同友会は、『経営指針の成文化と実践』運動を、同友会の三つの目的や自主・民主・連帯の精神、『国民や地域と共に歩む中小企業』の具体的実践として位置づけています。すべての中小企業家に『経営指針の成文化と実践』を呼びかけ、同友会の輪と、中小企業家の連帯の絆をさらに広げていくことをめざしています」

つまり経営指針の成文化運動を展開することで、同友会の理念を広め、具体的な活動の輪を広げていく。その延長線上で、同友会の仲間を増やしていこうとしているのだ。

では、経営指針の成文化は会員企業にとって、どういう意味を持つのか、なぜ必要なのか。鋤柄氏は先の著書で、こうわかりやすく記している。

「日々の経営は困難の連続だ。まるで古い水道管を修理するように、あちらを押さえればこちらから水が噴き出し、こちらを手当てすればあちらが故障する。その繰り返しである。目が回るような日常にあって、経営者は往々にして我を失い、道を誤る。経営者だけでない。社員はなおのことだ。

そんな時こそ『経営指針書』が役に立つ。」

宮城同友会の第28期「経営指針を創る会」の募集要項は、「(今後) 経営環境はますます厳しくなる事が予想されます。この時代を乗り越え、自社の進むべき道を明らかにするのが『経営指針書』

です」と記し、このセミナーでは「情勢変化に対応する会社をつくるため、社内の共通言語・価値基準となるのが経営指針（理念・ビジョン・方針・計画）です。『経営理念』『10年ビジョン』『経営方針・戦略』『経営計画』＝『経営指針』を一気通貫で成文化します」と続ける。宮城同友会のカリキュラムは、初回説明会で「経営指針の基礎講座とカリキュラムの説明」が行われ、第2講義から第5講まで、自社の現状認識から始まり経営指針（理念・方針・計画・10年ビジョン・組織図）づくりへと、まさに一気通貫で行われる。そのうえで、日をあらためて会員の修了発表会を行うことになっている。

参加者はこのカリキュラムとスケジュールに則って自社の経営指針をつくり上げていくわけだが、そこには先にも触れたように、懸崖とも言うべき大きな難題が立ちはだかっているのだ。

鋤柄氏に「経営指針づくりに関して、この項目はどうしても受け入れられないと言う経営者には、どういう話をされるのか」と尋ねた。「この項目はどうしても受け入れられない」というのは、先に紹介した、千葉同友会の元代表理事の笹原繁司氏がセミナー受講当初に頑なに思い込んでいたようなことと関連する。

まず、「何のために経営しているのか」と聞かれれば、「お金を儲けるため、食うため」と答え、次に「どんな会社にしたいか」と聞かれれば、「これは俺がつくった会社なのだから、俺がどうしようと大きなお世話だ」と反発する。「あなたにとって社員とは何か」と聞かれると、「社員？　給料を払っているのだから（言われた通りに）仕事するのは当たり前だろ!?」。重要なパートナーだなんて思いもしない。そうした創業者や二代目経営者が陥りがちな、素朴な思い込みが生む強い反発のことである。

鋤柄氏の答えはこうである。

「そういう人には、あなたは経営指針を誰のためにつくるのかって聞くのです。すると間違いなく、自分のためにだという答えが返ってきます。そこで私はこう言うのです。自分のためにつくれば、社員は、あれは社長が自分自身のためにつくった経営指針だと思う。ですから従うような顔はしているが、面従腹背で心では理解していない。どんな良いことが書かれてあっても、あなたの心が全く伝わっていないのですと。心が伝わってこそ同友会らしさ、つまり経営者と労働者とは立場は違うけれども、人間としては対等だということが理解し合えるのです。社長だけの言葉では限界があります。そのために幹部と指針について話し合い、幹部はそれを部下に読ませ、意見を聞き、それを最終的に経営指針に反映させることが大事なのです」

社員の無断欠勤は社長の責任

とはいえ、これがなかなか難しい。セミナーにおける運営スタッフ、つまり先輩経営者たちは受講者を問い詰めたり、追い詰めたりせず、いかに本人に気づかせるかという方向に誘導していくのだと聞くが、それでも納得しきれない人がいるという。ある同友会関係者によると、セミナーに出席する経営者のうち、修了までに至るのは7割から8割だという。相当の覚悟を持って臨んですらこの数字だから、かなり心理的にクリアするのが難しいセミナーであり、虚心坦懐にならなければ簡単には納得しがたい同友会の理念なのである。

だが、ここでは脱落する人を云々するのはやめよう。これまで考えもしなかった「社員は最も信頼できるパートナーである」などといった価値観を受け入れ、精神面をも含め経営を基本から学びなおしつつ、自社の経営指針をつくりあげようと粘り強く挑戦する。そうした経営者が、それだけの割合いることに感心すべきであろう。IPO（株式公開）により手っ取り早く金儲けしようという、起業家というよりは錬金術師のような人たちが増えている時代であるからなおさらである。

受講者たちは運営スタッフであり、先輩経営者である人たちとの丁々発止のやりとりの末に、これまでも何度か紹介してきた綜合パトロールを経営する笹原氏のケースのように、「俺の会社だと思いこみ、とにかく焦って金儲けをしようと思っていた自分を反省し、警備員として雇った人が無断で欠勤し、遅刻するのは、経営者である自分への信頼が欠如しているからなのだ。逆に言えば、自分の彼らへの信頼感のなさが、そういう事態を生み出しているのだと気づかされたのです」という認識へ至る。多くの経営者が経営指針成文化セミナーを通して、同じような気づきを経験することになる。

縄文時代以来、長く「ムラ社会」を生きてきた日本人は集団の中にあってこそ安心して生きていられる。会社という組織においても同様である。社長だけが突出して、社員が置いてけぼりにされている企業では、安心して働けないのだ。いつクビになるかわからないような会社などもってのほかである。逆に経営者と社員が信頼しあい、手を取り合って前進していく企業こそ、日本的組織であり、企業体としての強みを発揮できるのだと言ってよい。つまるところ経営指針成文化セミナーを通して、受講者たちは日本的風土に即した経営、企業づくりに気付くということでもある。

結果、鋤柄氏が語るように、「だからこそ、こうした厳しい時代に真面目に勉強する同友会会員が着実に増えているのです」ということにもなる。実に中小企業家同友会は経営指針成文化セミナーを入り口にした「経営者の学校」であり、「経営者の道場」なのである。

CHAPTER 04

サンタクロースの経営理念

THE STRONGEST MANAGEMENT OF

今日、明日だけでなく10年先の話をしよう

社員は理念を共有するパートナー

第8回「日本でいちばん大切にしたい会社」大賞の中小企業基盤整備機構理事長賞（2018年3月）の受賞や、経済産業省制定の「新・ダイバーシティ経営企業100選」（17年3月）選定などにより、多くのメディアで注目されている吉村。同社は同友会の経営指針成文化セミナーに参加したことで、企業として再生、今日の高評価へとつなげていった企業である。主役は一見、しゃきしゃきと下町のお母さん然とした三代目の橋本久美子社長である。

吉村の創業は1932年。品川で10人ほどの女性を雇い、大田区の羽田、大森近辺の海苔屋に包装用資材や紙袋を製造、卸したのが始まりという。その後、海苔屋は閑散期にお茶を扱うことが多いことを知り、お茶用の風袋《ふうたい》（包み袋）も製造することになり、次第にこちらのほうが中心となっていった。

吉村に飛躍をもたらしたのは、橋本氏の父親、吉村正雄氏である。73年に社長に就任すると、折

から保存性の高いアルミパッケージが登場したこともあり、「流通は川上へ行く」が口癖だった正雄氏は、まさに最上流であるお茶の産地、静岡県焼津市に工場を建設、グラビア印刷やラミネート加工ができる一貫製造設備を導入する。

紆余曲折はあったが、正雄氏の積極政策が功を奏し、比較的小ロットで、カラフルなパッケージを製造できる吉村は売上高52億円にまで急成長する。しかしそのころには、日本人の飲み物はコーヒーや紅茶に中心が移り、お茶に関してもペットボトルが好まれるようになっていた。茶かすを処理しなければならない茶葉は面倒がられて消費はどんどん下がっており、国民飲料の座から滑り落ちつつあった。

橋本社長は日本女子大学を出て、5年ほど家業を手伝っていたが、専業主婦として大阪で暮らすことになる。そこで友人たちとのお茶会で口にするのはコーヒーや紅茶ばかり。家業のことを考えると、いても立ってもいられない思いに駆られた。

大阪での生活を10年で切り上げて、吉村に復帰した橋本氏が見たのは、消費の末端で起きている現実をよそに、かつての成功を背景に専権を振るう父親と、それに疑問なく従う幹部、従業員だった。折からライバル会社は大手の傘下に入り、価格戦争を仕掛けてきていた。対抗策はライバルを上回る値下げで、会社の収益は落ち込む一方だった。

あるとき、役員会で橋本氏はこう言い放った。「いつも相手の動きを見ての、今日の話ばかり。

誰も（わが社の）明日のことを考えてない。論議していても楽しくないし、それでこの会社は持ちますか？」

橋本氏は当時、「お茶屋さんが売れるように応援して、ありがとうと言われる、それが自分たちのやりがいになるし楽しい」と考えていた。同時に何にでも手を広げるのではなく、「お茶業界のビジネスパートナーになる」という決意を固めていた。

その橋本氏が三代目社長に就任するのは、2005年。その時期、米国製の小ロットデジタル印刷機に出合う。試作機に近いもので、1台約2億円。父親と激論の末、購入を決めるが、当初その印刷機は収益を生まず、業績は2年間低迷を続けた。

そうした中で、橋本氏は紹介する人があって東京同友会の品川支部に加わった。しかし、「労使見解」に違和感を抱いて、経営指針成文化セミナーには参加せず、もっぱら先輩経営者たちの経営談を聞く会合のみに参加していた。それはそれで学びが多かった。

やがて新鋭デジタル印刷機械は収益の大きな力となり、焼津市の工場を18億円かけて増改築することにした。ところが、好事魔多し。契約を終えて間もなく東日本大震災が起きた。5月、6月と売り上げは激減し、翌年、翌々年と続いた。

そこで、役員の手当や賞与を下げる一方、橋本氏は工場の深夜労働勤務手当を廃止することを提案した。社員とのコミュニケーションはうまくいっているから、受け入れてもらえると十分自信を持っていたが、労使交渉の場は大荒れになった。「あんたが茶業界に絞るから、こうなったんだ」「俺たち深夜勤務の人間は命を削って働いているんだ」……。

橋本氏は大きなショックを受け、これまで忌避してきた同友会の「経営指針成文化セミナー」に出席、自分自身を鍛えなおす一方、社員の意向を汲みつつ、自分の想いを十分に伝えられる経営理念を創り上げようと決意する。2014年春のことだ。

経営と商品開発での、ぶれない姿勢

セミナーの場で、サポーター役の先輩経営者が突然、橋本氏にこう尋ねてきた。「サンタクロースの経営理念ってなんだろうね」と。「子供たちに夢を届けることじゃないですか」。そう答えると、彼は穏やかな表情で、こう応じた。

「そうだよね。もしそれがなかったら、サンタクロースの仕事というのはひどい深夜残業で、3K職場だよね。だって真冬の夜中、ビュービュー北風が吹く中を、トナカイに乗って配達に走りまわらないといけないのだから。しかも汚れた煙突の中を汚れないよう下りていって、子供たちが目を覚まさないようにそっとプレゼントを置いて一目散に帰っていく。子供に夢を届けるのだという経営理念がなかったら、サンタクロースなどとてもやっていられないよね」

このたとえ話を聞いているうちに、橋本氏ははたと気づいた。「労使交渉の場における当社の社員は、理念のないサンタクロースだったのだ」と。もう少し正確に言うならば、「お茶屋さんから感謝される仕事をする」という橋本氏と理念を理解、共有するパートナーではなかったということになるだろう。そういう努力もしてこなかったのだ。

経営指針成文化セミナーを修了した翌春、橋本氏は自身で作成した経営理念、10年ビジョン、経営方針、経営計画という一連の経営指針について、この間の経緯も含めて役員会で報告し、論議を交わした。

基本となる経営理念は「想いを包み、未来を創造するパートナーを目指します」という言葉にまとめていた。従来の理念は自分でも上手く説明できないものだったが、今回は十分説明できる自信があったし、他の役員から出された疑問についても言葉を換えれば、きちんと説明可能だった。結局、新しい経営理念はそのまま同社の企業理念として使われることになった。

経営方針についても理念を受ける形で、「私たちは、パッケージを通してキラリと光る未来を創ります」と、まず新しい分野へ出る場合の原則が謳われ、次いで「私たちは、商品への想いが伝わる舞台を造ります」と顧客が吉村を選び続けてくれるための約束ごとが記され、3番目には「私たちは、挑戦して成長し失敗と喜びを分かち合う仕事場を作ります」と、失敗を恐れず挑戦できる、うきうき感と働き甲斐に満ちた職場環境を約束する、3項目にまとめられた。同友会の目指す「人を生かす経営」に不可欠な「社会性」「科学性」「人間性」がそれぞれ盛り込まれたのだ。

役員会に次いで、役員を含めた20人余りの幹部が集まる経営会議でも、同様に説明して論議を尽くした。6月になると中堅幹部クラスも加わる定例の目標会議を開催。このころになると経営指針は役員、幹部を中心にかなり社内に浸透してきていた。

吉村では毎年決算月の翌10月に、全社員が参加する経営計画発表会がある。そこで全社員に向けて、経営理念を発表した橋本氏は、社員から具体的なフィードバックがあったことから、経営指針の浸透に対して相当の手ごたえを実感した。

翌年には、訥弁《とつべん》で知られる新設の課の課長候補者が、昇格審査のプレゼンテーションで、自分の課の経営理念を文章にして経営計画書とともにとつとつと読みあげ、幹部たちを感動させる一幕もあった。そうした形で経営指針の浸透が裏付けられたのだ。吉村では各部課の経営計画書は、課長が課員の意見を汲み上げて作成する。もちろん、企業理念や経営方針との齟齬《そご》がないかきちんと精査されることは言うまでもない。これは日常業務においても、同様である。

例えば大手取引先から、ある人気キャラクターをコーヒーのパッケージにしたいとの申し出があった。断ると取引先との関係がギクシャクし、売り上げにも響く。といって申し出を受け入れてコーヒーのパッケージにすれば、それを店頭で売っている多くのお茶屋さんが困ることになる。「お茶屋さんのパートナー」を企業理念に謳う同社は、それゆえこの話を断った。一方で、若い社員のアイデアを積極的に拾い上げて新商品として市場に投入しているほか、働き方改革において女性社員の要望をすくい上げ、育児休暇、時短勤務、さらにはつわり休暇制度なども整備、社員のやる気を涵養《かんよう》している。

このように吉村の経営理念を基本に置いたぶれない経営姿勢、商品開発姿勢は、顧客の強い支持を獲得するとともに、社員もまた自らを経営のパートナーだと自覚して積極的に業務に参画する風土を創りあげることに成功している。企画推進部の大根実次長は「経営理念の浸透はまだまだ」と厳しい評価を下すが、その着実な進展が売上高51億8100万円、経常利益1億8300万円という堅調な業績（2017年9月期）を支えており、吉村への企業評価の高さにもつながっていることは間違いない。

相手が喜んでくれることは自分もまた喜べる

「お手並み拝見」ベテラン社員の目

２０１７年７月に中小企業家同友会全国協議会（中同協）の会長に就任した広浜泰久氏の率いるヒロハマは、既述のように缶パーツ業界のトップメーカーだが、そこに至るにはやはり「経営指針」成文化がキーとなっている。

広浜氏は１９７４年に慶應義塾大学卒業後、数年間関連メーカーで経験を積み、その後、家業であるヒロハマ（当時は廣濱金属工業。営業部門は広浜商事）に入社。総務、経理関係の部課長、工場長等を経て社長に就任した。

就任した90年代初頭の業務用缶パーツ業界は市場が成熟化、極めて厳しい状況に向かいつつあった。「万年業界2位」だったヒロハマにも、危機感が覆いかぶさっていた。しかも新社長に対する社員の目線は、ベテラン社員中心に「しょせん、修羅場を潜《くぐ》ったことのない二代目、お手並み拝見」といった冷たいものだった。

このころの広浜氏の心境を忖度《そんたく》すれば、「今に見ていろよ、俺の経営手腕を」という気負ったものだったであろう。結果、検討を重ねたうえでだが、当時の会社の力量にそぐわない背伸びした新規事業への進出を決断する。結果は言うまでもない。数年を経ずして、撤退に追い込まれる。このとき広浜氏は潔く、全社員を前に「大失敗だった。撤退する。申し訳なかった」と頭を下げたという。

問題は今後である。新分野が難しいとすれば、残された選択肢は業務用缶のパーツ専業メーカーとしていかに生き抜くかである。悩み、考え込んだが、なかなか回答が見つからない。たまたま所属する千葉同友会船橋支部で経営指針成文化セミナーを立ち上げることになり、広浜氏はその一翼を担うことになった。このことが広浜氏にとっても、ヒロハマにとっても大きな転機になる。

そのあたりの経緯については後述することにして、これまで何度か「経営指針」とごく簡単に記してきたが、ここでまず中小企業家同友会における経営指針の骨格をやや詳しく説明しておきたい。

わくわくする将来像を描けるか

経営指針が、経営理念、10年ビジョン、経営方針、経営計画の4段階からなることは既述の通りだが、まず経営理念について述べよう。一般的には「事業経営を行うにあたっての経営の価値判断の基準となる根本的な考え方を表明したもの」とされているが、同友会ではさらに踏み込んで「継続的・計画的に社会に役立つ事業を遂行する組織として、根本的な価値判断の基準を表明したもの」（『経営指針成文化と実践の手引き』より。以下同）としている。

次の10年ビジョンと経営方針とは、強い補完関係にある。従来、経営方針のみが先行して存在していたのだが、経営理念と経営方針との距離を埋めるものが必要ではないかとの論議が出て、10年ビジョンが生まれたという経緯がある。

同友会では「経営指針」における10年ビジョンを、「経営理念を追求していく過程における自社の理想的な未来像（ありたい姿）を具体的に書きあらわしたもの」としており、「経営理念に基づいて、『こうありたい』という姿、自分たちの将来のありたい姿を魅力的な目標像として構想し鮮明に描く事で、めざすべき長期の基本的な方向性や、やるべきことが自ずと明瞭になり、意欲は高まり組織は共同体として自律的に働き始める」と位置づけている。

なぜ期間が10年かということについては、10年は「単年度計画や中期計画で設定される3年から5年の期間と全く異なる次元の期間」であり、短期間だと陥りがちな「現状の積み上げをする発想」と異なる発想、別の言い方をすると夢のある、わくわくする将来像と発想が経営者にも社員にも求められるからだとする。

次の経営方針だが、同友会では「10年ビジョンの実現をめざして、中期（3〜5年）のあるべき姿と目標を示し、それに到達するための道筋を示すもの」と位置づける。当然、前提として「10年ビジョンを実現するための課題」を明らかにし、そのうえで「時代の流れをつかみ、さらに自社の長所・短所を分析し、変化の中から自社の発展する道を見つけ出す」ことが重要になる。ちなみに10年ビジョンを実現するための課題としては、「今後の事業展開」から「数値上の目標」に至るまでの4点から「中期（3〜5年）のあるべき姿と目標」に定めるとしている。

最後の経営計画は、経営方針が「経営理念を具体化し、それを創造的に実現する道筋をまとめてきた」ものだとすると、「経営方針をさらに具体化するもので、経営目標を達成するための手段、方策、手順を示すもの」である。いずれにしても重要なことは、経営計画が「経営理念、10年ビジョン、経営方針と一貫性があること、また策定にあたっては、全社員の知恵と情報を集めて体系的に行うことが大切」だと規定されていることである。

同友会が最も大事にする「労使見解」には、「社員を最も信頼できるパートナーと考え、高い次元での団結をめざし、ともに育ちあう教育（共に育つ）を重視する」とあるから、最後の規定は至極当然である。

これだけのことを、同友会の「三つの目的」や「労使見解」といった基本理念とともに1年間近くみっちり学び、考え、意見を戦わせるのだから、セミナーに出席した経営者の多くは変化の萌芽を自らの中に胚胎しないわけにはいかない。セミナーをすでに修了した運営スタッフたちにとっても、参加者と真剣に対峙せざるを得ないから新たな気づきや発見を得るのは当然である。

取引先に喜んでもらえているか

話を広浜氏に戻す。

「とにかくセミナーでは何のために経営をやっているのか、が問われる。私も受講生と一緒になって考えるのですが、なかなかこれといった答えが出ない。あることで悩んでいるときに、今は上場企業に成長しているある同友会の先輩に、『そもそも人間というのは、相手のことを思って何かをしてあげれば、相手に喜んでもらえるだけでなく、自分もまた喜べるものですよ。しかもそのことを会社という組織で実行すれば、一人ではやれない規模のことを、分業で効率的にできるじゃないですか』といった意味のことをアドバイスされて、目から鱗《うろこ》ではないけれども、ある気づきを得ることができたのです」

ヒロハマではすでに経営指針を作成していたが、広浜氏は誰の手も借りず自分だけでつくっていた。社員を必ずしもパートナーと見なしておらず、対して社員は自分たちを会社の重要な担い手として認識しておらず、仕事も給与をもらうためにするもので人ごとにすぎないと受け止めがちだった。少なくとも部課長クラスを巻き込んで、新たな経営指針をつくる必要がある。それが、広浜氏の大きな気づきの一つであった。

もう一つは、これまでは取引先を含め社会に対し、「(われわれは) 相手に喜んでもらえることをしてきたか」という点だった。

注文された規格通りの商品を納めて終わりとしてこなかったか。実は缶とキャップの接合工程で不具合があって、お客様の生産ラインが止まっても、それまではヒロハマ側の納めた商品が規格通りであれば、あとは相手側の問題として、何の対応も取らないできた。これでは取引先に喜んでもらえる企業にはなれない。広浜氏はそう考え、幹部社員と話し合い、自社の商品が原因でなくてもライントラブルがあれば技術者を派遣し、解決に全力で協力することにした。こうして次第にヒロハマは取引先の信頼を得ていく。やがて、他のキャップメーカーと取引しているメーカーからさえも相談が来るようになった。

そうした中で、ヒロハマのトップメーカーへの道が開けていった。「それでも道は長かったですよ。『缶パーツとその関連技術を通じて缶の社会貢献を全面的に支援しよう』と一番目に掲げた経営指針が社内に浸透してきたと思えたのは、ようやく10年ほどたってからでしたね」と広浜氏はしみじみと語る。実は氏に先のような適切なアドバイスを与えたのは、今日、国内外に１４００余のイタリアンレストランチェーンを展開するサイゼリヤの創業者、正垣泰彦会長である。

「お気に入りの家総選挙」の効果

もう1社、経営指針導入とそれにもとづく一連の活動が、企業を文字通り再生させた事例を紹介しよう。2015年11月14日から12月13日まで、千葉県船橋市の分譲地で「お気に入りの家総選挙」というイベントが開かれた。

10棟の全く異なる個性的な分譲住宅を来場者に見学してもらい、気に入った家に投票してもらうという催しだ。主催者は、同じ千葉県八千代市に本社を置く住宅不動産関連企業オカムラホーム。期間中941人が投票したそうだから、大変な人気だったと言って間違いないだろう。のみならず、前2回分の対象物件は完売している。その点でも大人気である。

この10棟は、オカムラホームの全社員が、設計・施工担当者のみならず、総務・経理、営業なども含め5グループに分かれ、自分たちが住んでみたい、あるいは造ってみたいコンセプト住宅を提案、各グループが2棟ずつ設計、建築したものである。ちなみに優勝したのは「『お庭レストラン』～お空の下でホームパーティ～」というもので、第2位は「『トイロノカクレガ』～十色の趣味を楽しむ私的空間～」、第3位は「『ビストロ家族のDELI×KITCHEN』～土間リビングでおもてなし～」とネーミングされた家だった。

言葉だけではどういう家かイメージしづらいかもしれないが、少なくとも規格化された普通の分譲住宅と大いに趣が異なる、何やら遊び心がたっぷりで愉しい住宅であろうことは想像がつくだろう。そしてまた社員にそうしたトライアルを許容するオカムラホームも、上意下達のガチガチに管理された会社ではないことが、おのずと理解できるに違いない。

オカムラホームはどのような経緯で社員の意欲や創造性をすくい上げ、パートナーシップを積極的に発揮できる企業になったのか。

会長の岡村大作氏は、同友会での学びの中で「社員は大切な仲間、パートナー一人ひとりを大切に、全社経営をしたい」との思いを強くしていった経営者の一人だ。ユーザーが求める家造りをするためには社員全員が家造りを経験する必要があると考え、社内設計コンペを企画し、日常業務では家造りには直接関わらない受付の女性社員、パートなどまで含め40人の社員に呼びかけたのだ。そのほぼ全員が、慣れないながら設計図面を提出してくれた。

それらの作品を見ていく中で岡村氏は人を信じ、託すことの素晴らしさ、大切さを再認識する。「社員への感謝が生まれ、社員が可愛くなりました。設計部員ではない営業マンが自ら住みたくなる家を造る。私自身が引っ越ししたくなった」と岡村氏は微笑む。10棟の建物は分譲住宅として販売される。分譲価格は平均4500万円。合計4億5000万円の社運を懸けた「お気に入りの家総選挙」はこうして始まった。

社員一人ひとりが持つ当事者意識

岡村氏はなぜ同友会に加わり、経営指針導入に向け積極的に動いたのだろうか。実は、同友会加入は実兄が先だった。その兄は豪腕で、社員を自分の意図するほうへ強引に引っ張っていくタイプだった。

経営指針をつくり、全員参加型の経営を目指すなど「会社をつぶす」と、はなから反対だった。創業期には強いリーダーシップが必要なのだろうが、会社が成長してからは社員の活性化は図れなかった。対して高校時代のサークル活動で、仲間と協力して研究発表をし、その喜びを体感したことのある岡村氏は全員参加型の企業像を理想としていた。

そうしたオカムラホームがどのようにして社員の意欲をすくい上げ、パートナーシップを積極的に発揮できる企業になったのか、その経緯を、ごく端折《はしょ》って説明しよう。

同社には前身となる会社があった。1978年に岡村大作氏と父親、それに実兄の3人で設立した岡村建設不動産がそれである。31歳だった岡村氏は合流するその時点までは、父親の指示もあり千葉県内の不動産会社に勤務し、将来の起業に備えていた。

岡村建設不動産はその後、父親が病に倒れるという不測の事態に見舞われたが、首都圏の膨張もあり会社は順調に伸びていった。2歳年長の実兄が社長兼営業部長、岡村氏が不動産部長といった役回りであった。

しかし多くの不動産関連企業と同様、岡村建設不動産もバブル崩壊に直撃される。崩壊を予感して140億円まで積み上がった在庫不動産を70億円まで減らしたところで、身動きがとれなくなった。岡村氏には、お客様、取引先には一銭の迷惑もかけられないとの強い信念があった。

そこで95年、それまでロゴマークとして用いていたオカムラホームを会社登記して社員をそちらに移し、在庫を商品化して売却に当たらせる一方、岡村建設不動産を清算する方向に舵を切る。仕入れてあった土地が96年開業の東葉高速鉄道沿線が主であったことと、塩漬けの土地も銀行との連日の話し合いの結果、共同債権買取機構に移されたことが幸いし、9年後岡村建設不動産は清算を終えた。「とにかくバブル崩壊以降、20年間はひたすら耐え忍びました」と岡村氏は述懐する。この間の事業整理は一人岡村氏が担ったという。

その岡村氏は97年、社長就任を前に同友会に入会し、２００４年には経営指針成文化セミナーに参加した。

「セミナーに参加し、経営指針を創って何が良かったかというと、社内で意見が対立したときに（具体的施策を）経営指針に照らし合わせることができるということ。（経営に関して）柱があるということが、こんなに素晴らしいことなのかと思いましたね」

同友会では経営指針は羅針盤のようなものとよく言われるが、ルールブックでもある。実兄との論議でも、経営指針が感情的ではなく合理的判断を下す有効な基準となったのである。岡村氏はこう語る。

「幹部会議のとき、まだ課長だった金子（保夫）は兄を気にすることなく会社目線の意見を言ってくれた。現社長です。このことが（彼の資質を私に気付かせ）、ひいては事業承継にもつながった」

幹部も、指針をベースに社長に自分の意見を言えるようになっただけでなく、能力を発揮できるようになったというのだ。

オカムラホームの経営理念は「愛と人間力をもって世の中の役に立つ」をまず謳い、その次に「感性と技術を磨き、人に役立つ良い建物を造り続ける」「社員、ひとり一人の可能性を尊重し豊かな生活と生きがいを生み出す環境を確保し続ける」「利益を生んで、税金を納め、社会に喜ばれ、役に立つ事業を行い続ける」とする。3つの項にすべて「続ける」とあるところに、同友会流のオカムラホームの強い意志が感じ取れる。

同社の経営指針の定着化は、経営陣・幹部から始まり、3年目からは中堅幹部以下まで加わることになる。つまり経営計画書作成に当たっては、各部課長がその組織の社長という考えで次期の売り上げ目標、達成手段などを作成、経営陣に上げ、討議してまとめることにしたのだ。

当然その前に、部課長はセクションの社員一人ひとりと目標などを話し合い、経営理念や経営方針と食い違っていないかをチェックし、まとめ上げる。今では、経営指針、ことに経営方針、計画を半期ごとに見直しており、見直した方針の発表会をやはり半期ごとに全社員参加で行っている。

「こうすることで、社員一人ひとりが当事者意識を持つ。人間は自分の与えられた使命に対して、どれだけ成果が上げられたかによってやりがいとか充足感が感じられる。ある意味の人間学ですが、そこが大事だと思います」（岡村氏）

オカムラホームの売り上げは右肩上がりで、今や52億1500万円に達し、利益も2億3500万円に上る（2017年6月期末）。関連会社で不動産賃貸、サブリースなどを行っているオカムラメイトも売り上げ20億円に達するという。

ここまで中小企業同友会の「経営指針成文化」に関してレポートしてきた。長い同友会の歴史の中で、多様な要素が入り込んでいるが、その役割、効用は近代経営学で言う「ミッションマネジメント」と近似しているし、管理手法としては野中郁次郎一橋大学名誉教授が提唱した「ミドルアップダウン・マネジメント」と言っていいようにも思われる。経営指針成文化の推進は、その点で実に現代経営学に則った合理的なものだと言っていいだろう。

CHAPTER 05

なぜ人手不足なのに人材が集まるのか？

THE STRONGEST MANAGEMENT OF

なぜ新卒採用をすると会社が成長するのか？

北海道で生まれた「共同求人」活動

前日の雨模様から一転、青空が広がった札幌市。札幌駅からほど近いホテルで、2018年4月2日、いささか趣の異なる新入社員の入社式が行われた。集まった男女192人はいずこの会社の例に漏れず初々しく、かついささか緊張気味に見えたが、実は彼ら彼女らは道央圏にある北海道中小企業家同友会会員企業77社の「合同入社式」に参加した若者たちなのである。今や圧倒的売り手市場と化した就職戦線にあって、地元に残っただけでなく、中小企業をあえて選択した、その意味できわめて意欲的な若者たちでもある。

式は2部に分かれ、第1部ではまず北海道同友会代表理事の一人で、従業員数500人余、北海道産男爵イモを用いた冷凍コロッケなどの製造・販売で知られるサンマルコ食品社長の藤井幸一氏が、「皆さんは常に学びを深め、よきパートナーである社員の皆さんとともに、存在感のある企業を目指す意欲の高い会社に就職できました。必ず良い会社に就職できたことを体験できると思っております」と確信に満ちた祝いの言葉を述べた。そのあと来賓の挨拶、新入社員の紹介があり、続いて札幌市内に本社を置く不動産会社アセットプランニングに入社した岩渕さやかさんが全員を代表して同友会の「合同企業説明会」での同社との出合い、本社を訪れた際の好印象などを織り込んだ、メリハリの利いた決意表明を行った。

普通の入社式ならばここで解散となるところだが、第2部では新入社員全員参加の「ワールドカフェ」という新入社員たちの討論の場が持たれ、「会社に入った理由」「入社後にやりたいこと」をテーマに、会社の異なる4人ひと組で2度メンバーを交代しつつ、所属企業の垣根を越えて自由で活発な意見交換を繰り広げた。先に紹介した「経営指針成文化セミナー」などを含めて、いかなるレベルの会合でも、必ず徹底的に論議を交わす同友会らしい風景であり、入社式当日から新入社員たちは同友会式会合の洗礼を受けたのである。この入社式の後、数日を経て彼らの多くは合同の新入社員研修に臨むことになっていた。

それにしても「合同入社式」やそれに先立つ「合同企業説明会」というのは、多くの読者にとり耳慣れない言葉ではなかろうか。この2つに加えて「共同求人」という言葉も、同友会ではよく用いられる。これらが同友会加盟企業の新卒採用の三点セットだと言ってよい。

なかでもベースとなるのが「共同求人」であり、後述するように実はほかならぬこの北海道同友会から生まれた運動でもあるのだ。この新卒採用の三点セットは、その後、新入社員研修、中堅社員あるいは幹部研修へとつながる。それらは同友会思想の基盤をなす「労使見解」と密に結びつき、経営者と社員がパートナーとして共に育つ「共育」、あるいは「共育ち」という呼び名の下で、「経営指針成文化」とともに同友会運動の重要な柱として全国の同友会で積極的に取り組みがなされている。行きつく先が、すでに触れた未来工業や吉村のような、「日本でいちばん大切にしたい会社」などに選ばれる企業と言っていいだろう。

「人材確保」は「受け皿づくり」

近年、少子化による若年労働者の不足に伴い、多くの中小中堅企業では採用難が深刻化している。同友会会員企業でも基本的に状況は同じだが、深刻さの濃淡でいえば幾分、度合いが薄い印象がある。ことに上記三点セットを着実に実行している企業では、そうである。なぜだろうか。

同友会の新入社員採用の基本であるこの「共同求人」の出発点で中心となったのは当時の北海道同友会事務局長（後の代表理事、中同協副会長を務める）で、同友会の基本理念である「三つの目的」を創案した大久保尚孝氏である。大久保氏は銀行マン出身で、北海道同友会発足時、請われて事務局長として加わり、初期の同友会活動を理論面で支えたと評されている。そうした経緯を考えると、「共同求人」活動も、「労使見解」とともに、「よい会社をめざす」「よい経営者になろう」「よい経営環境をめざす」という「三つの目的」の考え方を色濃く反映する方向に染め上げられていったのは必然であった。

そうは言っても、1972年に「共同求人」が始められたとき、目的はもっとシンプルなものだった。時代は高度経済成長期であり、北海道は大手企業の若手人材の草刈り場となっていた。地元企業は人集めに苦労しており、そうした状況下、「知名度の低い中小企業が共同の力で人材を確保しよう」という狙いでこの運動はスタートしたのだ。形態も当初は新聞に求人広告を出し、事務局が一次面接と適性試験を代行するというもの。企業経営者はそこには顔を出していなかった。最初の年は、延べ90社に84人が応募。採用は22人にのぼった。

その後、中小企業の実態を理解してもらうために高校の進路指導（就職担当）の教諭と会員との懇談会がもたれるようになり、75年になると新卒採用を希望する会員企業が一堂に会した合同企業説明会が行われるようになる。多くの学生が多くの企業の説明を聞くことができ、お互いに間違いない選択が可能になったのだ。こうして現在各地の同友会で実施されている共同求人活動の原型がほぼできあがる。功利的な求人活動から、社会や地域とつながった活動へと広がりをもつようになったと言ってもいい。北海道についで、愛知、東京、広島、そして他の同友会へと、この運動は次第に広がりを見せていった。

しかし、そうした動きの中で、同友会会員たちにはさらなる課題が突きつけられる。大久保氏はその手記「同友会の社員教育」でこう記す。「『人材確保』は『受け皿づくり』と不離一体であり、

（中略）共同求人活動に取り組む前に、会員が協力し同友会として社員教育をしてそれぞれの社内体制を整え、社会的信用の基礎を固めることにしました」

つまり、こういうことである。共同求人活動を展開していく過程で会員たちは自らの経営者の質、企業の質、社員の質が問われていることを痛感するとともに、場当たり的な採用ではだめで、きちんとした給与体系や労務人事制度をつくるとともに、経営計画にのっとった定期的な採用が必要不可欠なことに気が付いたのである。きちんとした社員教育実感も、そうである。

だがこれは、今に至るも大変な難題である。従来、中小企業経営者の多くは仕事が増えれば人を増やすという考え方で、社員は中途採用が圧倒的だった。したがって就業規則も明確なものではなく、給与体系や人事評価もずさんなものにとどまっていた。社員教育もなおざりにされていた。しかしこれでは質のいい社員は集まらないし、集まっても出来不出来がバラバラにならざるをえない。しかも多くが会社への忠誠心も薄く、給与や待遇、あるいは人間関係で不満が昂《こう》じればすぐ辞めていくような状況だったと言ってよい。

とはいえ場当たりの中途採用をやめて社員の定期採用を始めることは、企業の固定費に直接影響する。先行きが見えない中で、経営者として安易に「定期採用を始めます」と言えないのも理解できなくはない。しかも前提となる給与制度、就業規則、教育制度など社内体制づくりも簡単ではない。小規模事業所ではことさらである。

以下、そうした難題を抱えながら採用難が続く今、「共同求人」活動で成果を上げつつある同友会と企業を、紹介していきたい。

新卒定期採用が地域を活性化

まず取り上げたいのが宮城同友会である。宮城同友会は74年に設立され、現在、およそ1100人の会員が在籍している。うち「共同求人」活動には、直近ではおよそ80社が参加している。全国の同友会の中でも「共同求人」活動に積極的な会だと言われているが、参加企業が会員の1割を切っている数字が、共同求人活動、定期的な新卒採用の難しさを象徴していると言えなくもない。

宮城同友会代表理事で、共同求人委員会委員長を務めたことのある日東イシダ会長の鍋島孝敏氏がここに至るまでの経緯を、次のように語る。

「私が同友会に入会したのは、95年。宮城同友会ではすでに共同求人委員会ができていました」

51年生まれの鍋島氏は、慶應義塾大学を出て日本交通公社（現・JTB）に入社。その後、日東イシダに移ると、社長である父親の下で専務を務め、採用担当を任された。同社ではすでに76年から新卒の定期採用を始めていた。一人で県下の大学、専門学校、高校を走り回るが、どの学校でもまともに取り合ってもらえず、はかばかしい成果は得られなかった。そこで同友会の共同求人委員会に加わることにしたのだという。

「共同求人委員会には10社ほどが参加しており、求人雑誌を発行したり、合同会社説明会をやったりしていました。これは大変助かる、一人では回りきれない学校とも関係がつくれると思ったものです」

その時点での宮城同友会の会員は８００人弱。共同求人活動に参加しているのは、新卒社員を採用したい企業だけなので、活動費は受益者負担、すべて参加企業持ちだった。そうしたこともあり、「共同求人活動に参加しよう」と会員たちに声をかけ続けたが、先に挙げたような理由に加え、わずかな経費負担をも忌避する空気があり、参加企業は増えなかった。

抜本策はないものか、鍋島氏らは必死に情報を求めた。着目したのは各地の同友会が取り組み始めていた「三位一体経営」と呼ばれるものだった。「経営指針を作成し、ついで新入社員の定期採用をスタートさせ、彼らを同友会理念に沿って教育していく」という考えである。「共同求人」を始めるに当たって、北海道同友会の大久保氏らが究極的な理想としてきたものも、多分そうしたものであったろう。

鍋島氏らは急がば回れで、経営指針成文化運動の取り組みに積極的に参画する。自らも「経営指針を創る会」に参加する一方、仲間を募った。「いま人手が充足していたとしても、10年後、20年後はどうなんだ。今のうちに若い人を採用しておかないと、平均年齢がドンドン上がり、そして最後には誰もいなくなるんじゃないの。経営理念を創り、経営計画書に定期採用しますと明記しておけば、新卒者も安心して入社してくれると思うよ」

そうした内容のことを会員に語りかけながら、「半ば強引に共同求人活動参加メンバーを増やしていったのです」と鍋島氏は振り返る。

その一方で、宮城同友会は大学や高校などとコミュニケーションの場を増やす努力を重ねていった。例えば、大学生や専門学校生対象の合同企業説明会は4月、6月、10月と年3回行っており、基本的には経営者が出向いて学生たちと対話する。企業の魅力や将来像を語るのは経営者こそ最適だからである。これら合同企業説明会とは別に、東北工業大学など5校では「学内ガイダンス」という個別説明会を開いている。ほかにもいくつかの大学と連携協定を結び、2017年から会員が出向いて「中小企業と地域創生論」(全15講座。2単位認定)を開講したりもしている。中小企業の実態と魅力を伝えるためである。

高校生に向けては、1991年から進路指導の教師と会員との懇談会を行ってきたが、5年ほど前から高校生向けの会社説明会を行政側の理解を得て、県内3カ所で行っている。「高校生は地元志向が強いので、学校でバス一台をしたてて団体で来るところもある。われわれも手ごたえを感じています」と鍋島氏は顔をほころばす。高校生の採用は、行政や学校側の理解がないとなかなか難しいのだという。

宮城同友会は学校との連携でキャリア教育に功績があったとして、2010年に文部科学省から表彰を受けているが、それだけでなく学校サイドとの密接な連携は、例えば17年の大学新卒3年目の離職率は全国平均三十数%に対し、宮城県では22・8%にとどまっている。この数字は、相互の密な交流により、会社側と学生側のミスマッチが少ないことを示している。

一方、鍋島氏の日東イシダだが、同友会活動を通しての新卒採用はどういう経営的意味を持っただろうか。同社は食品関係に強みを持つ有力計量機器メーカー、イシダ（本社京都市）の東北地区代理店として1923年に創業している。代理店とはいうものの、自社工場を持ち、東北地区のユーザーから依頼された機器や計量システムの設計・製造も行っている。

「当社は社員166人のうちおよそ6割が、すでに高校・大学を含めて自社採用の新卒になっています。このところ新卒の採用難が言われていますが、私自身を含めて長年、地元の大学、高校の就職担当者とコミュニケーションをとってきましたので、当社に関して言えば予定の人数はこの厳しい時期でも確保できています。

また新卒を採用し続けたことで、別のメリットも出ています。弊社は販売代理店とはいうものの、メーカー機能も有していて、東北地区のユーザーから特注された計量機器を設計・製造するとともに、例えばユーザーの求めに応じて独自の計量システムなども設計して納めています。現在、弊社の売り上げは40億円（2017年11月期）ですが、利益を確保しながらそこまで伸ばすことができたのは、新しい知識を持った若い新卒技術者がいたからだと思います」

苦しいときでも続ける新卒採用の意義

現在、宮城同友会の共同求人委員会委員長を務めるのは「日本で15番目の完成車メーカー」を標榜するヴィ・クルー社長の佐藤全氏だ。佐藤氏は事業のたくましいベンチャー的発展で知られ、同友会内でも大きな声と元気の良さで屈指の若手リーダーとして評価が高い。

佐藤氏が率いるヴィ・クルーの本社工場は東北新幹線の白石蔵王駅から車で10分以上かかる、宮城県南部白石市の山間部にある。1万5000平方メートル近くもある広大な敷地には、改装・整備済みのバス、これから整備される予定のものがズラリと並び、巨大な工場建屋に入ると、大型路線バスや観光バスの内装、外装さまざまな工程のものが、従業員の手により整備中で、迫力がある。

同社はもともと佐藤社長の父親の経営する自動車整備工場の一部門だった。

秋田の大学在学中に、アルバイトながらCMやイベントプロデューサーとして活躍していた佐藤氏は、卒業と同時に東京へ出て、大手広告代理店で自らの能力をさらに開花させたいとの望みを持っていた。ところが卒業まぢかになり、「会社の状況が危機的だ、帰ってきて手伝え」と父親から連絡が入り、帰郷せざるをえなくなった。

揺れる気持ちを抑えながら、必死に会社再建に取り組む一方、佐藤氏は自社商品を持つメーカーにならないと企業としての自立は難しいと考え、2006年、顧客からの依頼を手掛かりに国内初のLED製バス用路肩灯の開発に着手する。10年に苦労の末出来上がったこの商品は爆発的に売れ、特許も取得、今では自動車用電装機器大手が代理店業務を引き受けるほどになっている。

一方で、佐藤氏は路線バス会社などが自社での整備業務などを縮小、外注に出しつつある状況を察知すると、バスの整備、板金塗装、車内のリフォームなどの仕事を積極的に取り込んでいった。路線バスを観光バス仕様につくりかえることなども引き受けた。あるいは会津若松市内を走る観光路線バス向けに、既存のマイクロバスの新車を昔懐かしいボンネットバスに改造する仕事なども引き受けている。佐藤氏が15番目の完成車メーカーと言うのは、その辺りからきているのだろう。

事業の幅を広げるため、佐藤氏は自動車機器関係を学んだ人材だけでなく、デザインや木工などの勉強した社員なども新卒採用してきた。

「30代は同友会でひたすら学び、実践する時代でした。経営指針を創り、同友会の王道を進もうと決め、指針・採用・共育を積極的に進めました。そうしたことが創業者の父親には気に入らなかったのでしょう。経営スタンスの違いから34歳のとき、私が中心になって始めていたバス用路肩灯の製造事業やバスの内外装、あるいは改造事業などをもって独立することになったのです」と、シリアスな話を人なつっこい顔つきで語る。06年10月のことだ。

以来、ヴィ・クルーは着実に発展を遂げ、売上高は3億5000万円に達し、「粗利率が高いので、売り上げに比して利益は多い」と佐藤氏は余裕の表情だ。

自慢はそれだけでない。実はこのヴィ・クルー立ち上げ時、佐藤氏に従って新しい会社に移籍したのは、佐藤氏が新卒で採用し育てた人たちだった。「誰一人として抜けなかったですね」

佐藤氏は理念をしっかりもった経営とともに、新卒採用の重要性をあらためて認識し、それ以降今日に至るまで、環境がいかに苦しくとも新卒採用を続けている。

前述のようにヴィ・クルーは白石市の山間部にある。白石市はここ数年人口が減り続け、高校を卒業した若者は仙台や首都圏に流出している。そうしたなかで、ヴィクル・クルーは、17年、18年と仙台の大学の卒業生を連続して採用。2人は仙台市内から通勤しており、これは今までにないことだと佐藤氏は喜びを隠さない。佐藤氏はその辣腕とアイデア力が買われて、12年から中同協の共同求人委員会の副委員長をも務める。

「いい会社には希望が集まる」

宮城に隣接する山形同友会では、必ずしも求人活動と直接、関連しないものの、学生に中小企業への理解を高めてもらう一方、職業観を醸成してもらうことを狙いに、地元の山形大学と連携して、1年生を対象に短期のインターンシップを会員企業が受け入れている。企業側はそれらに加えて社員教育や組織活性化においてもメリットがあると考えている。

なかでも「インターンシップは会社の年間イベント」と位置づけ、積極的に受け入れているのが、山形同友会の共同求人委員長を2018年から務めているサニックス社長の佐藤啓氏である。同社はコンクリート圧送事業などで地元では知られているヤマコーのグループ会社で、車検や修理に加え、例えば保冷車や宅配用、あるいはコンビニ用などに使われる、トラックの荷台部分の架装や修理を主業とする。このうち新車架装事業は東北屈指の規模を誇る。いくつかの会社が統合した歴史を有し、1966年生まれの佐藤氏が帰郷して入社した2000年ころは、社内は全くまとまりを欠いていた。12年に専務を経て社長に就任した佐藤氏は「東日本大震災特需で仕事はあったが、社員がまとまりを欠いたままでは将来が危うい。何とか融合させないといけない」と決意した。そこで同友会で学んだことを実践すべく、翌年には定期採用を開始、さらに間をおかず、社員を一つの方向に向かわせるために経営指針作成をスタートした。

同友会の仲間には「挨拶さえできない茶髪のあんちゃんたちに経営指針など受け入れられるのだろうか」と心配する人もいたが、粘り強い努力が成果を上げ、今では同社を訪れると社員誰もが笑顔で礼儀正しく挨拶をしてくれる。かつて心配した同友会仲間が感心するほどだ。もちろん経営指針づくりだけでなく、同友会が推進する社員参加の委員会活動にも、多くの社員が積極的に参加している。

佐藤氏は社内の風土をこうして徐々に変えていく一方、明確な業務があったわけではないが「今後、新しいことをやるためには大卒が必要だ」と考え、大学新卒者の採用を実行に移した。情報工学専攻、体育学専攻など専攻は多彩である。「例えば地元の芸術工科大学卒業生の場合、中心業務は営業ですが、10分の1は彼の個性を生かすステージで仕事ができるようにしている。能動的にそれを見つけることで、個々のやりがいにつながっています」。すでに同社は大卒を含め新卒入社組は70人中24人になっており、「社内の空気が大きく変わりました」と言う。個性的で意欲ある若手社員が増えているのだから、それもまた当たり前かもしれない。ちなみに同友会内では、新卒社員が6割を超えると社内の空気が明らかに変わるというのが、共通認識となっている。白地の状態で経営指針を受け入れてきた社員が、半数を超えればそうなるのも当然といえば当然である。

そうした中でインターンシップを毎年受け入れたことが、「社内に化学反応を起こさせることになった」と佐藤氏は語る。学生たちの発言や行動から思いがけない発想が生まれ、社内が活性化し、その結果、業績も右肩上がりだという。加えて18年の春には、かつてインターンシップの授業を履修したことがある山形大学卒業生が入社してきた。若い社員たちの活躍ぶりを見て、会社の活力と将来性に期待してのことだ。サニックス規模の会社では稀有のことだ。

最後に佐藤氏が社内報「輝」に記している言葉を紹介しよう。「いい会社には、人が集まり、情報が集まり、期待が集まり、希望が集まります」。同社は17年12月、経済産業省の「地域未来牽引企業」の一社に選定された。

「しんどい学校」の生徒を採用し一人前に育ててあげる

新卒定期採用は経営の関門

中小企業家同友会会員企業と教育現場との関わりは、既述のようにごくシンプルに人材確保を求めて始まった。一社で募集してもなかなか希望者を集められないことから、「共同求人」という形が構想された。ただしそこで就職先として選択されるには、当該企業が新卒の定期採用をしてきたかどうかが大きな要件となった。

その前段には経営の安定、就業規則や給与体系の整備などが横たわっていた。ここで真摯に人材を求める同友会会員企業は、社内体制を整備したうえで、新卒定期採用という関門を突破する必要が生じたのである。

「これは企業規模の問題などもあり、なかなか厳しく、いまだ乗り越えられない会員も多い。各同友会の代表理事の会社でも、まだ新卒定期採用に踏み込めないところがある。私は彼らに、毎年が無理なら一年おきでもいいから、まず新卒採用を始めましょうとすすめています」

中同協の共同求人委員会副委員長を務め、共同求人・新卒定期採用を推進する、前述の佐藤全ヴィ・クルー社長はそう語る。毎年にしろ隔年にしろ、新卒定期採用を続け、一方で「経営指針成文化」運動などを着実に実行していけば企業体質は着実に変化していき、社員も経営理念も定着するという確信があるからだ。

同友会運動の基本理念とも深く関わるこの企業体質の変革、あるいは強化を目指す考えから、合同新入社員研修から幹部社員研修に至るまで、同友会ごとに組み立てや名称は異なるが、多段階の社員教育システムが構築されている。最終的には経営者、幹部を含めた「共育ち」が目的である。

さて、このように社員の採用という一点で教育現場と結びついた会員企業だったが、中小企業の実際の姿を生徒に理解してもらうことにより、地域の一員である中小企業を働く場としてきちんと認識してもらおうとの考えも芽生えてきた。

同友会理念の一つ、「国民や地域と共に歩む中小企業」という考えが、それを後押ししたと見て間違いない。宮城同友会が地元の大学と連携協定を結び、会員経営者が出向いて「中小企業と地域創生論」を開講したりしているのはその具体例だ。

家庭、学校、社会が教育の3本柱

こうした活動に対して、地域が直面しているよりシリアスな問題、地域の疲弊、荒廃と向き合う中で、中小企業とはどういう存在で、どういう仕事をし、どういう人が働いているのか――。会員経営者が高校に出向き、生徒たちと対話を重ねてキャリア支援教育を行う中で、就職を含めた地域の問題点のいくつかを解決しようと粘り強く取り組んできた同友会がある。東京に次ぐ歴史を有する大阪同友会である。

会員数およそ2400人の大阪同友会が、社員の主たる採用先である府内の高校と組織的に交流を持ち始めたのは、20年ほど前のことだ。そのころは進路指導の教員と懇談しつつ、「生徒さんを紹介してくださいよ」とお願いする、ごくありきたりの交流だった。潮目に変化が起きたのは、2011年9月に大阪府が普通科高校に派遣した民間の就職コーディネーターが音頭をとり、同友会会員25人と校長28人とが意見交換会を兼ねた懇談会を開いたことである。

懇談の場で会員の一人が、「先生方、もっと生徒をしっかり教育しなはれ。ここへ来る前にパチンコ店の前を通ったら、若者が大勢たむろしていましたわ」とボソッと苦言を呈したのだ。すると、ある校長がこう言葉を返してきた。

「おっしゃることはわかります。そやけど少し考えてみてください。彼らだってあそこに居たくているわけやないんです。本当は社員になって働きたいんです。それが叶わないから、あそこにたむろしているんです」

当時、大阪府内では「しんどい学校」と呼ばれる高校が、府立の普通科高校112校中およそ30

校もあった。これらの高校に入ってくる生徒の家庭の6割がシングルマザーか、シングルファーザー。家庭の年収も200万円以下が半数を占めていた。彼らは入学すると家計を助けるためにアルバイトに精を出さざるをえず、勉強するどころの話ではない。親もまた仕事を2つ3つ掛け持ちし、子供に勉強を教える時間もスキルもない。こうして入学した生徒は落ちこぼれていくか、中退していく。彼らは就職も進学も叶わず、募るのは自己否定ばかり。いわゆる貧困の連鎖、学歴の連鎖であり、早稲田大学教育・総合科学学術院教授の菊地栄治氏が指摘するように、「本人もしんどい、親もしんどい、先生もしんどい、地域もしんどい」、つまり「しんどい学校」が続出していたのである。

校長は、言葉を継いで語った。

「教育は3本の柱で成り立っています。家庭での教育、学校での教育、そして社会での教育です。社会での教育は会社での教育と言い換えてもいいんやろと思います。今の時代、この会社での教育がいちばん太くないといけないんやないでしょうか。ところが不景気や何やかやで、私にはこの会社での教育が軽視されているように思われてならないんです」

大阪同友会代表理事で、当時社員教育や求人活動を担当する経営本部長を務めていた山田製作所社長の山田茂氏は「ほんまにドキッとしました」と、校長の言葉を耳にしたときの心境を語る。

山田氏の会社は従業員数が20人を切るほどの規模にすぎないが、一時は、国内はもとより、ドイツなど海外を含めて毎年200社余りが視察・見学に訪れる有名会社だ。きっかけは1998年に売り上げが激減した際、「3S（整理・整頓・清潔）活動」に出合い、二代目社長として山田氏が弟の専務とそれを徹底したことだ。結果、工場が見事に効率化されただけでなく、社員の仕事に対する姿勢も変化し、業績も劇的に改善したのだ。毎朝7時55分に社員が一斉に車内清掃を始めると聞いただけで、なるほどと思ってしまう。

ほぼ同時期に、同友会にも入会、以降、毎年全社員が参加して経営指針の見直しを図ってきた。このこともまた、山田製作所の業績改善、社員の経営参加意欲に結び付いただけでなく、製缶・板金加工など部品製造下請けから自社ブランドの省力化・自動化機器製造を業態に付け加える大きな力となっている。もちろん視察が次々と訪れる要因でもある。２０１２年には社員が意欲を持って働く職場ということで、厚生労働省の「キャリア支援企業表彰」会長奨励賞を受賞している。

そうした山田氏が府立高校の校長先生の発言にドキッとしたということは、「国民や地域と共に歩む中小企業」を謳う同友会の会員として何か重大な忘れ物をしている気がしたということに他ならない。生徒たちを外から眺めているだけで、そうした状況に追い込んでいる社会の側の問題に目を向けてこなかったことに反省の念を抱いた。出席した多くの経営者も、同じ思いを抱いた。

間をおかず、しんどい学校のひとつの、ある高校から生徒のキャリア支援教育のために経営者に講演してほしいとの依頼がきた。同友会では論議のうえ、1人の経営者が話すのではなく何人かが出かけていき、生徒とグループ討論をするほうが、内実が伴うはずだと逆提案し、その方法で行われることになった。しかし最初の年は散々だった。

「生徒は単位を取るためにイヤイヤ出ている感じで、ずっと横を向いている子、途中で退席する子などもいて、方法をもっと考えないといけないと思いました」とメンバーの一人で大阪南東ブロック長を務めるセイコー運輸社長の宮高豪氏は振り返る。セイコー運輸は「トラックと運転手とを時間でレンタルする」という斬新なアイデアで注目されている運送業者である。

宮高氏らはそこで毎年、2年生を対象にキャリア教育を行い、学校側にも「お金の話」「税金の話」といった社会生活に必要な知識を身につく事前教育を行ってもらうことにした。そのうえで「仕事とは何か」「会社で求められること」などについて討論しながら、生徒のコミュニケーション能力の向上を図りつつ、「学校生活の充実」「自己肯定感の醸成」から「進路選択」へとつなげていく方針が固まっていった。

PTAも参加する〝仕事説明会〟

この取り組みはそれなりに成果を上げていった。同高校の進路指導の女性教師はキャリア支援活動に熱心に取り組む一方、この間に様々なデータを収集、効果を分析した。それによれば、退学者、遅刻者、懲戒を受ける生徒は着実に減少し、一時100人を超えた卒業時の就職未決定者は40

人余りにまで減ったという。

こうしたこの高校の取り組みと成果が府内の同レベルの高校で話題になり、あちこちの高校から同友会にキャリア教育、キャリア支援を求めて声がかかるようになった。結果、積極的に参加してきた経営者の中には、あまりの忙しさに「しんどい」と漏らす人も出てきた。このため杉山尚治事務局長（現・専務理事）が間に入り、対象校、参加者、日程を調整することになった。「すべての高校に出向くのは無理。いったん府全体を対象とすることをやめて、同友会の地区ブロックごとに実施するようにし、内容も練り直すことにしました」

実はそれ以前から、キャリア支援に関連していくつか別の取り組みがスタートしていた。というのも教師の間にも熱意とスキルの差があり、何よりも教師が就職先の実態を知らないと生徒の就職相談に十分対応できない。

これでは、せっかくのキャリア支援授業が生きてこない。そこで当時、高校求人部長だった松下工作所社長の松下寛史氏らは「若い先生たちに中小企業の実態、例えば経営者がどういうことを考えているかなどを知ってもらうために企業を訪問してもらったうえで、討論する場を設ける」ことにした。

ついで14年度からは生徒やＰＴＡにも中小企業のありのままの姿を理解してもらうため、地元にある高校のＰＴＡに企業見学に来てもらうことにした。想定した以上の参加者数で、松下氏らは驚いたという。

もっとも、ブロック別に分かれたことで、高校側との付き合いに温度差が生じているようだ。これは高校生の就職が、ハローワークの取り組み姿勢に影響されるからでもある。とはいえ、例えば中河内ブロックでは、次のような取り組みが始まっている。

現在、大阪同友会副代表理事を務める食品卸マルキチ社長の木村顕治氏によると、「企業見学会が始まったころ、生徒は来てくれるが入社してくれない。入社しても、極端な場合、朝来て午後には辞めてしまう場合さえある」ということが続いた。

「何でやろ。いろいろ考えた末に行き着いたのは、やりたい仕事と現実の仕事との間にミスマッチが生じているのやないかということ。そこで、数年前から行っていた会社説明会ではなく、（情報をダウンサイジングして）企業の仕事説明会をやろうということになったのです」という。

東大阪市にある府のインキュベーター関連施設に70社余りの会社がブースを出し、例えば江戸元禄時代から続く食品卸業の経営者である木村氏は「うちはこういう食品を扱っていて、レストランや菓子メーカーなどに商品説明しながら売り込みに行くのがメインの仕事。ほかに総務や経理の仕事もあります」と丁寧に説明するのだという。

「今年で2回目だが、生徒だけでなく、ＰＴＡの方も見に来られる。参加している会社には、採用予定のないところもあるが、地域にはこういう会社があるのだと知ってもらう意味は大きい。仮に生徒が地元の会社で働きたいと思い、地域に残ってくれれば、地域は人口減による疲弊から免れることができます。商店も店を閉めなくていい。この催しが10年間続くと、相当面白いことになるのではないかと期待しています」と木村氏は声を弾ませる。

山田氏の会社では、インターンシップで訪れた近くの工業高校に通う女子生徒が在学中にアルバイトを経験、4年前から溶接工として働きだしている。実家はシングルマザーの家庭だが、「溶接が好きだと言って、頑張って働いています」という。

CHAPTER 06

社員を育て、社員に育てられる会社

THE STRONGEST MANAGEMENT OF

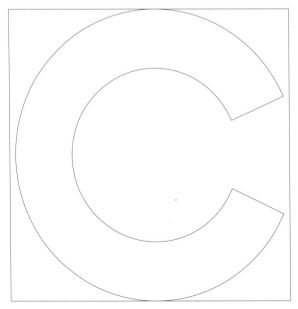

なぜ社員と社長が一緒に学ぶのか？

「しんどい学校」の生徒を採用する理由とは？

この章では前章に引き続き、同友会流の採用から一貫した社員教育が、いかに企業を活性化するかを見ていく。

まず、前章で紹介したようないわゆる「しんどい高校」から「しんどい生徒」を採用し、教育を続けながら、成長を続けている大阪同友会の会員企業から紹介したい。ドヤ街〝釜ヶ崎〟のある大阪市西成区内に本社・工場を置き、鋼材加工・販売を主業とする梅南鋼材がその会社である。社長の堂上勝己氏は三代目だが、苦労知らずの並の三代目とは違う。父親の後を継いだ実兄が事故で急死、工業系短大を卒業し建築設計会社のサラリーマンをしていた堂上氏が、会社のことも、経営のことも全く知識がないままに、28歳で後継社長の座に就かざるをえなくなったのである。

就任後、バブルがあり、その崩壊があり、景気が回復したかと思うとリーマンショックが襲いかかるという具合で、梅南鋼材の売上高はジェットコースターのように上下した。「バブル期には銀行からマンション一棟買いの話が来たりしたが、セミナーで耳にした浮利を追わずという言葉が頭の隅に残っていたのと、よくも悪くも度胸もなかったので、話に乗らなかった」と振り返る。

2000年代に入ると、単なる鋼材の販売会社では生き残れないと考え、前加工をして売るメーカーへと脱皮することで、質の高い自立的企業への道を歩み始める。直近では粗利益率50%台を維持しつつ、19年の売上高予想8億円、従業員46人を、29年には売上高25億円、従業員120人にしたいと意欲的な計画を堂上氏は立てている。「プラモデル納品」といって、プラモデルの部品のようにほかの部品とぴったり合う部品を、1品の注文でも72時間で納品するという凄技《すごわざ》が可能な会社だけのことはある。

同社が高校新卒定期採用をスタートさせたのは04年で、世の中は就職氷河期と呼ばれ、「内定取り消し」が話題の時代だった。同社も不良債権を抱え経営的にはとても採用できる状況ではなかったが、交流を深めていた地元の府立普通科高校の校長に熱心に頼まれ、女生徒2人の採用を決めた。「だが、採用はしたものの一人の子の仕事がない。聞くとレーザー加工機のCADオペレーターなら女性でもできるという。急遽レーザー加工機導入を決め、4500万円の投資をした。結局、その投資が（精密加工を可能にし）今の当社の収益力につながっています」

堂上氏によれば、毎年入ってくる新人には同友会の研修と自社での研修、合わせて500時間の研修を行うという。採用数は最初2人だったが、このところ4～5人にまで増やしている。会社としては相当な負担だ。しかし、堂上氏はこう笑顔で語る。「彼らは、研修後もしばらくは社員の足を引っ張りまわしますが、1~2年でしっかり仕事ができるようになります。スタートの遅い子もいますが、長い目で見るとそう違いませんよ。社内では、同期だからといって比べるのはやめよう。本人がどれだけ伸びたか、絶対評価でいこうと言っています」

昨年入社した高卒の女子社員2人は新卒社員の採用のためのガイダンス用パワーポイントを作らせたところ、「驚くほどの出来栄え」で堂上氏を驚かせた。

こうした経過を経て、社内には人を育てようという風土が醸成されていった。中小企業で長く働く人は新たなことにチャレンジすることを嫌うし、職人気質で自らの仕事を後輩に教えることを好まないとよく言われる。梅南鋼材では人材育成の風土が根づいていく中で、そうした古い体質のベテランたちが自らドロップアウトしていったという。逆に堂上氏は、「一般社員については仕事ができるか、組織になじんでいるかを人事評価の2つの柱に据えるとともに、管理職については、いかに人を育てられるか、育てているかで評価するようにした」と語る。両々相まって、人材育成の風土がより培われていったということだろう。

「中小企業には、大卒はなかなか来てくれません。しかし地域が疲弊すると、そこに足場を置く企業も疲弊します。そうならないよう地元の子供を採用し、若者がいなくなって地域が疲弊しないように努力する責任が、私たち中小企業経営者にはあるんです」

堂上氏は決然とそう語った。人手不足、採用難時代に入っているが、梅南鋼材は地元高校との長く深い関わり、採用実績がものをいい、その苦労はない。

人こそ最も重要な経営資源

2018年6月下旬から7月初旬にかけて、岡山、広島両県など西日本各地を襲った大豪雨の惨禍の傷もまだ癒えない8月2日夕刻、倉敷市の中心部から東北に4キロほどの日帰り温泉施設内のホールで、岡山県中小企業家同友会が6月に開講した「第20期社員共育大学倉敷校」の第3講が開かれていた。

参加者は経営者および経営者代理が17人、入社2～5年の若手社員が35人の計52人。大豪雨の惨状を考えると、これだけの参加者が集まったことに、岡山同友会会員企業の社員共育大学にかける熱意の程がわかる。前日に岡山市内で開かれた岡山校の講座にも倉敷校を超える数の経営者、社員が集まったと聞くと、ますますその思いを強くする。

この日、冒頭の挨拶に立った高梁市に本社を置く建設会社大月組社長の大月一真氏が「自宅は浸水したものの、普段通り仕事ができるとともに、今日の社員共育大学に参加できたことを大変嬉しく思っています。皆さんも参加できた意義・意味を考えつつ、明日からの仕事に頑張っていただきたい」等々と語りかけると、多くの参加者が同意を表すかのように深く頷いていたのが強く印象に残った。

即物的だが、いつの間にか人材をして「人財」と呼ぶケースが多くなったことからもわかるように、規模の大小を問わず人こそが企業にとって最大の資産である。経営資源として一般に「ヒト、モノ、カネ、情報」の4つがあげられるが、「モノ、カネ、情報」を活用し、最大限に有効化するのはあくまでも人であり、その点からしても人こそ最も重要な経営資源であることは疑いようがない。

中小企業家同友会加盟企業が当初、物理的な人手不足解消のための共同求人活動からスタートしたにもかかわらず、合同入社式・新入社員研修へと進み、次いで多くの同友会では入社2~3年の社員が対象のフォローアップ研修や女性キャリアアップ研修、さらに中堅・幹部社員、役員・経営者研修へと人材育成の対象者を広げてきているのは、企業の力が構成する社員の総合力に左右される点からしてきわめて自然な動きである。

現在、新入社員対象の研修を実施していないのは47同友会中1同友会のみ。入社2~3年から経営者までの研修を行っているところも(一部の段階が欠けているにしても)37同友会に及んでいる。こうした数字を見ても、各地の同友会がいかに人材教育・育成に熱心に取り組んでいるかが理解できるだろう。

これら同友会の中でも、共同求人・合同入社式の元祖とされる北海道同友会などと並んで、社員・幹部教育に最も積極的で活動も先進的だと、最近ことに評価が高まっているのが岡山同友会である。

社員と社長が共に学び、育つ場

この日の倉敷校での「社員共育大学」第3講は「様々な視点でモノを捉える」とのテーマで、田中製作所社長の門田悦子氏が40分ほど問題提起の講話を行い、その後、経営者と社員が7グループに分かれて討論し、グループごとに感想や疑問等をまとめて社員の一人が発表。最後に講師が質問に答え、あらためて自分なりの考えを述べるという形で進行した。時間は2時間ほど。

門田氏は元看護師で、病院勤務ののちフリーランスの看護師として働いていたが、創業者の父親が死去、社業を手伝うようになった。その後一時迷いもあったが、社員と手を携えて会社をよくしていこうと決意、社長に就任した。いまは「地域に必要とされる金属加工業者として存在し続ける」ことを経営指針として、日々努力を続けているという。毎回、「社員共育大学」冒頭の問題提起は、門田氏と同様の多彩な経験を持ち、それなりの実績を上げている経営者が行う。

学生時代から看護師を経て、経営を担うようになった現在までを、門田氏は講話のテーマに沿って、エピソードを交えながら興味深く語った。受講生たちは彼女の話を聞きつつ、テーマに即して自らの思考をまとめ、その後の経営者を含めたグループ討論で自らの考えを話す一方で、他の出席者の多様な受け止め方、考えを知り、自らの思索を深めるとともに豊かなものにしていく。毎回終了後、所定のフォーマットでレポートの提出が義務付けられており、否応なしに真剣に講話を聞き、グループ討論に参加せざるをえない。

岡山同友会事務局長の安本直一氏によると、「社員共育大学」の目的は全8回にわたる講座を通じて、仕事とよりよく生きることとの関係を共に考えること、自社の持ち味を再認識し自分の役割や責任を考えること、人の話を聴く力や自分の意見をまとめて表現する力や討論の力を養うこと、そして多くの他社の社員との交流により新しい仲間づくりをすることなどだという。つまりこの社員共育大学の主たる目的は外部のセミナーなどで得られる一般的知識やテクニカルな知識の向上ではなく、人間力の向上にあると言っていいだろう。

こうした目標に重ねて、次のようなことも加わる。岡山同友会常任相談役で、中小企業家同友会全国協議会（中同協）社員教育委員長を務める岡山トヨタ自動車社長の梶谷俊介氏は「私も参加して初めて気づいたのですが、ここは社員を教育するだけでなく経営者の学びの場でもあります。つまり経営者が社員と一緒に参加、共に学び共に育つ、共育の場なのだとわかったのです。それでこの大学の目的に、経営者の学びの場でもあると明記することにしたのです」と語る。

岡山トヨタは県内有数の自動車ディーラーで、2017年3月期の売上高は180億円を超える。トヨタレンタリース岡山などグループ会社も5社あり、同友会会員企業としてはかなり規模が大きい。梶谷氏は父祖の後を継いだ三代目で、01年に社長に就任している。同友会入会はその3年前になる。

その梶谷氏が同友会の「社員教育」に関わるようになったのは、現在の社員共育大学の前身である「幹部社員大学」とでもいったものが開かれており、それに参加している岡山トヨタの幹部から「連れていかれる形で参加した」のがきっかけだという。1996年のことである。その後、現在の社員共育大学に体制が切り替わると、前述のように「経営者が社員と一緒に参加、共に学び共に育つ、共育の場なのだとわかった」ことから、積極的に関わることになったのだという。もっとも企業ベースで言えば、岡山トヨタよりトヨタレンタリース岡山のほうが規模の関係もあり、より組織全体としての取り組みになっているそうである。

社員教育3本柱のこだわり

社員共育大学は8回にわたる講座終了後、日を改めて修了式が行われ、受講者には修了証書（あるいは受講証書）が授与されることになっている。ただしその前提として受講社員本人が全講義のレポートを提出したうえで、経営者がそれを読了し、経営者も総括レポートを提出しなければ修了と認められない。しかも社員を送り出している企業経営者は、毎月1回打ち合わせを行い、前回の反省を踏まえつつ次回の報告内容や討議の柱を検討するのだという。経営者は多忙な中で時間を割き、社員共育大学に真剣に向き合っているのだ。これだけやって受講者が成長しないような事態は、おおよそ想像しにくい。

実は岡山同友会の「社員共育大学」には前史がある。1994年に組織内で社員教育システムを何らかの形で立ち上げようとの話が持ち上がったのだが、当初は外部講師によるセミナー方式を望む意見が会員の間では強かった。しかし事務局の一部から、同友会理念の「三つの目的」に「ひろく会員の経験と知識を交流して企業の自主的近代化と強靭な経営体質をつくる」とあるのに、外部に依存するのはおかしいのではないかとの原則論が出て、「外の講師は呼ばない。社員だけでなく社長も出席する。グループ討論を入れる」の3つの原則が打ち立てられ、今日ある方向に進んだのだという。当時の社員教育委員長、額田信一氏の回顧である。

しかも当初は社員とはいいながら「経営者の右腕」とでも呼ぶべき幹部社員が参加対象で、名称も「幹部社員大学」というものだったが、より幅広い社員を対象にしようとの考えが強まり、99年に内容もシステムも現在のように改められ、「社員共育大学」として再スタートを切ることになった。

というのも、岡山同友会では92年からすでに、会社経営者、幹部社員（のちには「社員共育大学」修了の一般社員も含む）を対象とした、大学教授など学識経験者を招いての講義とグループディスカッションを柱とした「同友会大学」を開いており、前述のやり方では屋上屋を重ねることになりかねないからだ。「同友会大学」はその目的を「経営者・幹部社員として、経済の動向を読み取る科学的洞察力を養う」「中小企業が地域で果たす役割と中小企業の独自性を正しく認識できる力を養う」「経営者と社員が共に学び、自立型企業づくりを推進する」こととしており、講義内容は現在もそうだが、日本経済、中小企業経営など「科学的」で専門的な色合いの濃いものになっている。特に2013年から、経営に直結する経営戦略論、地域経済論などが強化されているという。

岡山同友会では「社員共育大学」「同友会大学」に加え、他県の同友会に見られない取り組みとして「教育講演会」という催しを、25年間にわたって実施してきている。「人材育成は学校や企業だけの課題ではなく、地域全体の課題である」との考え方に基づき、同友会独自の理念「共育ち」「共育」を、県民や県内の教育関係者に幅広く知ってもらいたいとの狙いからである。

こうしたことから、岡山同友会では「社員共育大学」「同友会大学」に加え、「教育講演会」をもって社員教育の3本柱としてきた。しかし07年度に「経営指針書に基づく経営実践のために経営者と一体で事業に主体的に取り組む幹部社員の育成」「幹部社員が、他社の経営者と本音で意見交換をし、自社の経営理念への理解を深める」の2点を主たる目的に「幹部社員大学」を立ち上げたことから、今日では「幹部社員大学」を「社員共育大学」「同友会大学」とともに3本柱としている。「幹部社員大学」は目的が前述のようなこともあり、参加企業は経営指針を作成していることが必須で、参加者は1社1人、しかも「社員共育大学」「同友会大学」の修了者および卒業者であることと、かなり縛りがきつい。講義では経営理念を具体化するプロセスやマネジメントの基礎を学び、リーダーとしての自己変革を促すなど、レベルは相当に高い。また毎回宿題が課され、部下の意見も聞きながら課題に取り組むことが求められるが、経営者と幹部社員の信頼関係が深まることもあり、ほとんどの参加者が修了に至る。岡山同友会の「共育」への熱意は生半可ではない。

職員の70%が幸福を感じる病院

岡山市の中心部、東には「百鬼園」こと内田百閒先生ゆかりの百間川が流れる中区に、「脳・神経・運動器疾患の専門病院」を謳い、「安心して、生命をゆだねられる病院」「快適な、人間味のある温かい医療と療養環境を備えた病院」などを経営理念に掲げる操風会岡山旭東病院がある。

院内は木造家屋のような温かみのある雰囲気で、壁面にはいくつもの絵画が飾られ、廊下の一部は吹き抜けで、植栽の緑が訪れた人の心を和ませる。機能的で清潔だが、やや冷たい感じのする一般の病院とかなり趣が異なる。病院でありながら、2013年には経済産業省の「おもてなし経営企業選」に選ばれているのも頷ける。一方で、世界でも8番目に早く導入した定位放射線治療器「サイバーナイフ」をはじめ、国内・県内でも最先端とされる医療機器を導入している先端医療機関でもある。規模的にも県内有数で、11の診療科を有し、ベッド数も200床を超える。

こうした岡山旭東病院の特徴をつくり上げたのは、岡山同友会の顔とも言うべき18年で78歳になる土井章弘院長だ。土井氏は1965年、鳥取大学医学部を卒業すると、アメリカ留学を経て岡山国立病院、香川県立中央病院で脳神経外科医として腕を磨き、88年に父親が別の場所で創立したこの病院に院長として戻った。その間、香川時代に中小企業家同友会を知り、理念経営に心酔し、岡山に帰るとさっそく同友会に入会している。

「人間というのは本来、自己中心的。だけど、人と関わっていないと生きていけない存在なのです。そのためには関わり合いの知恵を学ぶことが必要。まさに同友会が大事にする共に育つことが重要なのです」

土井氏は同友会の理念に基づき経営指針づくりを始め、その後経営指針づくりだけでなく病院運営も、看護師、医療技師や事務職員たちの協力を得た参加型に徐々に変えていった。経理の公開も早い。専門知識の習得のための研修会等への派遣はもちろん、岡山同友会の「社員共育大学」など3つの大学にも積極的に看護師・技師・職員たちを送り出してきた。経営指針の1項目「職員ひとりひとりが幸せで、やりがいのある病院」に向けての実践でもある。

「うちの病院では辞める人が少ない。数年前に経営的に苦しいときがあったのですが、同友会で学んだ人たちは民間企業がいかに苦しいかを聞いていますから、むしろ率先して（経営改善に）頑張ってくれました。調べてみるとうちの職員たちの70％が（生活面、職場環境ともに）幸福だという結果が出ていますが、これは私自身への成績表だと誇りに思っています」と、土井氏は温顔をほころばす。

〝やずや〟創業者の言葉に救われた

岡山同友会代表理事で、独自の腰痛向けのコルセットやサポーターなど次々と新製品を開発、20年連続増収と業績を急伸させているダイヤ工業会長の松尾正男氏も、社員共育大学など同友会の教育システムの効用を高く評価する一人だ。「うちの社員で同友会関係の大学へ行っていないのはパートさんの数人くらい。各段階での共育の結果、社会の変化、会社の変化に対応できる人材が育った。社員共育大学では自社で教育しきれないテクニカルな部分以外のことを、他社の経営者が教育してくれた面もあると思います」

松尾氏は1952年吉備中央町で生まれ。大阪経済大学を卒業して入社した会社が倒産、岡山へ帰りカシオ計算機に入社し、「たまたま縁あって、先代社長の次女と結婚した」という。当時のダイヤ工業は小物入れなど袋物を下請けとして作っていたが、問屋が倒産。「さて何をやろうか」と模索しているときに、「親せきから『オーダーメードでコルセットをつくったが痛くてたまらない。改造してほしい』と頼まれた。直してあげたところ、喜んでもらえたんです。これがコルセットをつくる一つの要因になりました」

次の問題は売り先。すでに問屋や病院ルートは先発に押さえられていて、新規に参入するのが難しい。目を付けたのが整骨院ルートである。「このルートを通信販売で攻めることにしたのですが、思ったほどうまくいかない」。77年には減収減益に陥った。社長に就任した翌年のことである。

苦悩しているときに出会ったのが、青汁など健康食品の通販で知られるやずや創業者の矢頭宣男氏だった。やずやは今や年商200億円を超す通販業界の代表的企業だが、そのころはまだ規模は小さかった。福岡同友会会員だった矢頭氏がたまたま岡山同友会に講演に訪れた際、その案内には「通信販売は通心販売」とあった。松尾氏に何かひらめくものがあった。

矢頭氏は講演でこう話した。「自分が信じる心の商品、つまりオンリーワン商品づくりを目指せ」「深く穴を掘れ。穴の直径は自然と広がる」と。加えて「私は人との出会いによって育てられた。（企業経営は）自分一人では何もできない」。それら一言ひとことが、松尾氏にはしっかり腹に落ちた。

まずは「ニッチ市場は宝の山だと確信して」コルセットに専念し、なおかつ整骨院マーケットに全力投球をすると決めた。と同時に、「若い人を登用し、彼らに部下をつけて成長を促そうと考えた」という。そのために同友会の合同企業説明会に参加するとともに、新卒者定期採用にも踏み切った。そうなると、幹部たちも学ぶ必要があると自覚し始めた。折から幹部社員大学が開講することになった。「当社にとって格好のものができた。ここで幹部社員たちを学ばせることにしたんです」

それまでは松尾氏と幹部との間にはある距離感があり、必ずしも率直な話し合いができていたわけではなかった。だが、幹部社員大学を経験する中で壁が取り払われ、松尾氏自身にも「あいつ、なかなかやるじゃないか」と幹部の長所が見え、誤りのない評価ができるようになってきたという。

そうした結果、社員の離職率は低下し、

「かつては、将来の幹部にと見込んで採用した社員に辞められたりしましたが、今はそのようなことはまずありません。社員の定着率はこの20年間でみると70％強、10年だと80％、ここ5年でみると95％にまで上昇しています」

時代の流れに乗った健康関連の企業で、業績は順調。しかも風通しがよく、働きやすい会社ということになれば、定着率の高まりは当然と言えば当然かもしれない。

CHAPTER 07

ダイバーシティ経営に取り組め

THE STRONGEST MANAGEMENT OF

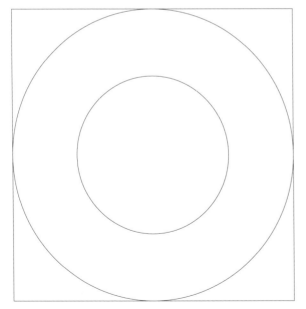

なぜ障害者雇用で社内が明るくなったのか？

人手不足とダイバーシティ

「率直に言って、行動を起こさない経営者も多いですよ」

山形県中小企業家同友会の社員共育委員長で、田宮印刷常務の阿部和人氏は歯に衣きせず、一部会員経営者を批判する。いい会社にしたいと言いながら経営指針づくりに二の足を踏み、人が欲しいと言いつつ共同求人活動、継続的な新卒採用に躊躇している経営者も多いと言うのだ。「ましてや人材教育となると、時間がない、やり方がわからないと言って、さらに消極的です」

阿部氏ならずとも、仲間のこうした姿を見て切歯扼腕《せっしやくわん》している同友会会員は少なくない。

対して、そうした足踏みを続ける会員経営者を横目に、新卒の社員採用、教育からさらに一歩進んで、多様な人材、例えば、身心に障害のある人、外国人、女性、高齢者などを雇用、育成教育して、積極的に自社の戦力として業績アップにつなげている、いわゆるダイバーシティ経営に踏み込んでいる会員経営者も少なくない。

大きな課題も抱えてはいるが、近年増加している外国人の技能実修生受け入れの先進的事例を、まず見てみよう。宮城県中小企業家同友会の副代表理事の佐藤全氏が社長を務めるヴィ・クルーのケースである。佐藤氏は熱く語る。「宮城県内の新卒採用の充足率が50%を切るような状況で、人手が足りないから外国人実習生でも採ろうかという経営者がいると聞きます。しかし、うちは考えが全く違います。外国人、うちの場合はインドネシア人ですが、研修生だからといって期間中、ただ仕事だけさせておけばいいなどとは考えていません。処遇等は社内規定通りで、在留資格を取得すれば基本的には日本人と同じ。だから2年前に来た彼は日本人の後輩が入ってくれば、うまくはないが日本語で仕事を教えようとする。そうすることで、彼自身の技能も向上し、日本語もうまくなって社内に溶け込んでいけます」

佐藤氏はなぜ外国人を雇用しているのかについて、「私は単に人手を充足するためではなく、次の事業上の展望があって、彼らを受け入れているんです」と説明する。あくまでも合理的な経営判断に基づいて、インドネシア人実修生を受け入れているのだ。2018年で6人にもなるという。

ヴィ・クルーは先にも紹介したが、バスの車体の修理・塗装から、部品製造、さらにはバスそのものの製造へと業務を広げてきている。その延長線上には、次のような事業計画がある。「私はEV(電気)バスを製造し、輸出したいと考えている。というのはインドネシアのようなインフラが未整備で交通難民の多い国では、EVバスに需要があると考えているからです。その場合、バスを売るだけでなくメンテナンスする会社やエンジニアが必要。そこで私はインドネシアにメンテナンス会社を設立し、うちで実修を終えた若者たちが帰国した後、その技能を生かし、エンジニアとして働いてもらおうと考えているのです」

実現すれば、安い人件費と単なる人手不足対策にとどまらない、派遣する側の国にもメリットをもたらす、外国人実修生制度を組み込んだ優れた外国人技能労働者の能力活用、つまりダイバーシティ経営のモデルとなるに違いない。佐藤氏のような、グローバルな視点と長期的な経営戦略にのっとった技能実習生の受け入れ事例はもっとあっていい。

生活保護受給者や〝引きこもり〟も十分な戦力

千葉同友会の代表理事を務めたこともある笹原繁司氏は、先にも紹介したように建築や道路工事現場、スーパー、百貨店の駐車場での交通整理や警備のためにガードマンを派遣する総合パトロールを経営している。会社設立当初は無断欠勤や遅刻常習者に手こずりながら、経営指針作成を軸に社内風土を徐々に改善し、自らも社員を信頼する経営者に変身することで、社員の信頼を勝ち得、社業も次第に上向き、現在に至っている。

その笹原氏が語る。「最近、生活保護をもらっていたのだけれど、働かせてもらえないかとか、長年引きこもりだったのだが、雇ってもらえないかという話が増えてきています。父兄とか、周囲の人とか。本人からの場合もないではない。正直言って、生活保護をもらっていたと聞いて、働けるのかなと不安があったのは事実です。しかしそうした状態から何とか抜け出させてあげたいという気持ちもあり、引き受けてみたんです。もちろん何も問題がなかったということはないですよ。しかし問題が起きると時間をかけて話し合うことを続けていくうちに、彼らも徐々に打ち解けてくるとともに仕事にも慣れてきて、十分戦力になることがわかってきました。今では当社の警備員の10％余りがそうした人になってきています」

生活保護を受けている人も様々だし、働きたくても機会を得られない人も多いという。心を開いてそうした人たちを迎え入れ、戦力としていくことの大切さを、笹原氏の事例は教えている。人手不足の時代に有効な施策であるとともに、社会的にも意義がある。これもまた、優れたダイバーシティ経営の一例である。

特別支援学校の先生が職場訪問

ヴィ・クルーや総合パトロールのケースが個社ベースでのダイバーシティ経営への取り組みだとすると、同友会の支部を挙げてこれに取り組んでいるのが、広島県中小企業家同友会福山支部だ。

すでに真夏の日が頭上を照りつけていた２０１８年８月６日午前９時、福山駅北口広場に駐車していたバスに、観光客とは雰囲気の異なる40人近い20～50代の男女が次々と乗り込んだ。市内に設けられている3つの特別支援学校のうちの一つ、広島県立福山北特別支援学校の先生たちである。特別支援学校とは、身心にハンディのある小学生から高校生まで（幼稚園児レベルまで含むところもある）を教育する学校で、福山北特別支援学校は主として知的障害のある子供たちを対象とした教育施設である。

広島同友会福山支部では、08年に障害者問題の準備委員会を立ち上げ、10年から福山北特別支援学校との連携を始めている。障害児に対する理解を深める一方、彼らの就業支援を行おうという考えからである。同友会内での障害者問題への取り組みは、愛知中小企業家同友会が１９６４年に福祉担当理事を置いたのを皮切りに、少なくない同友会で活動が先行している。82年には中同協も障害者問題委員会を発足させ、全国レベルでの障害者問題全国交流会（隔年開催）も２０１９年で20回に達する。「人間尊重の経営」を掲げる同友会らしい取り組みだと言っていい。

そうした中で、福山支部の障害者問題への取り組みは必ずしも早くはない。ただ大きな特徴がある。同支部では支部予算でバスを仕立てて、特別支援学校の先生たちに会員企業を回ってもらい、中小企業の実態を理解し、その目で仕事の現場を観察、生徒の特性に合った職場を見つけ出してもらうという点だ。

準備委員会の立ち上げ時からこの取り組みに関わってきた伝票製造業ワンライト社長の高橋宏之氏は、「先生方が様々な会社を見学し、この仕事ならうちの生徒にもできると企業側と話し合う。

そのことが生徒の実習につながり、さらに実際に働くことで雇用につながる。つまりバスツアーは障害のある子たちと企業との縁をつくっていくきっかけになるのです」と、その意義を記している。

障害のある子供たちの仕事探しは難しい。重度の知的障害や精神障害、あるいはその複合障害がある子供の場合などは、ことにそうだ。しかも仮に仕事が見つかっても、相互理解が欠けていると短期での退社などにつながる。

社内の雰囲気がやさしくなり、職場環境の改善にもつながるなどメリットも少なくないが、現実はなかなか難しい。そうした中での福山支部の取り組みは、障害のある生徒の就職活動にある種の風穴を開ける試みだと言っていいだろう。

卒業生の働く姿に先生も感動

この日、福山駅前を出たバスは空調機用フィルターの製造販売を行っているアサヒフィルタサービス、ワンライトとその兄弟会社で印刷物の企画デザインを行っているツー・プライ、それに鋼材加工販売の日鐵鋼業の3社を見学。その間、昼食に寄ったレストランで、建築金具の製造販売を行っている広島金具製作所と、従業員は2000人を超え、売り上げも390億円余（2016年9月期）という、福山市を中心に中国・四国地方に店舗展開する中堅ドラッグストア、ププレひまわりの2社で働く支援学校OBが姿を見せ、先生たちに近況を報告した。

ププレひまわり大門店で働くMさんは、棚に並んだ商品が期限切れになっていないか確認、並べ替える「前出し」作業がメインの仕事。ほかには清掃作業などを行っている。最近、前出しが早くできるようになったと、はにかむように笑顔で報告し、顔なじみになったお客さんのひとりから「この店に来てくれて、ありがとう」と言われたことが、何よりもうれしいとも語った。見ている先生たちの表情もなごむ。

先生の一人は、この日強く印象に残ったこととして、「卒業生の働いている姿を見、仕事について話を聞いて、日々、成長している様子と笑顔が大変心に残りました」と、アンケートに書き残している。

また別のある先生は、このバスツアーによる企業と生徒とのさらなるマッチングに期待を寄せるように、次のように記している。「人ごとではなく、いま担任している生徒がここで働くなら（どうなんだろう）と、具体的にイメージしながら見学させていただきました。魅力的な企業ばかり。まだほかにもいろいろな企業があるのでは。あとはマッチング。まじめで働き者の生徒さん多数です。よろしくお願いします」。先生たちの期待が、十分に伝わってくる。

話が前後するが、先行して見学したワンライトは手書き連続伝票の製造からスタートし、カセット伝票や建設業界向け会計システムの開発で業界に先行して業容を拡大、その後出荷用段ボールを自社製造するとともに、デザイン部門としてツー・プライを設立している。

ワンライトの出荷部門でも障害のある社員が活躍していた。「彼は伝票を見ると、即座に段ボールを指定された大きさに切断、箱に組み立て、商品を梱包して出荷寸前の段階にまでもっていく。そのスピードと正確さ、根気強さは、健常者はとても及ばないですね」と案内してくれた高橋宏之社長も驚くほどだ。

〝総幸福〟の設定で課題解決

しかしこうした事例はあるものの、福山支部の企業すべてが最初から障害者雇用の取り組みに乗り気だったわけではない。特に重量物を扱う、金属加工関係の会社は、事故を起こしでもしたら大変だという心配から、当初はいずこも及び腰だった。鋼材を卸す一方、ガスやレーザーで切断、加工販売している日鐵鋼業の能登伸一社長もその一人だった。

大学卒業後4年間他社で修業したのち、26歳で父親の会社に入った能登氏が、最初に自社に対して感じたのは「なんと暗い会社だろうか」ということだった。社員が心を閉ざしている、将来に夢を持てない、生活にゆとりがない等々からきている現象だと想像できた。そこで同友会に入り、「労使見解」など経営に関する様々な勉強をし、改善策を実行したが、なかなか体質改善は成果を上げなかった。専務を経て社長に就任したが、事態は大きく変わらなかった。

ところが2010年、福山支部長に就任して以降、大きな変化が起きる。支部長就任に際しては所信表明を行わないといけない。

「たまたまブータン国王が来日される前年で、『国民総幸福（GNH）』という言葉が注目されていました。同友会のレポートで目にしたとき、これだと思い、支部のスローガンとして『企業内総幸福（GCH）』を高めようと述べたのです。それに合わせて自社の経営スローガンも『日鐵内総幸福の向上』としました」

「日鐵内総幸福の向上」について、能登氏はこう説明している。「第1に（企業としての）使命感に通ずるような経営理念を前提とし、働く皆に働き甲斐が感じられ、夢や希望が持てること。第2に社内に一体感、チームワークが感じられること。第3に社員一人ひとりの個性が生かされること」

この3つがさらに細かく、かつ具体的な施策に落とし込まれているのだが、「日鐵内総幸福の向上」の導入により、痼疾《こしつ》のように日鐵鋼業にへばりついていた「暗い雰囲気」は次第に払拭《ふっしょく》され、なかなか浸透しきれなかった3S運動（整理・整頓・清掃）も徹底できるようになっていった。「どの工場の、どの部分に、どれだけの材料が、どういう形で残っているか、事務所でも現場でもすぐ把握でき、顧客の注文にも即応できるようになった。無駄な在庫もなくなり、収益も確実に好転しました」

就業規則を定め、労使見解を勉強し、経営指針を作成し、会社の様々なことを、経理まで含めてきっちり示すなど、いろいろな施策がここで一度に花開いたのである。

障害者雇用で社の空気が変わった

その能登氏がこの時期、もう一つ「無理じゃないか」と思いつつも取り組むことになったのが障害者雇用であった。支部のバリアフリー委員長から「支部長になったのだから、今年はバスツアーを引き受けてくれ」と言われ、断り切れずに引き受けたのだ。

訪れた先生たちは熱心に工場を視察、翌12年夏になると、福山北特別支援学校高等部2年生のH君が実習にやって来た。大柄で愛嬌のある彼は、40度を超える工場の中でも黙々と作業を続け、周りの者も称賛するほどだった。翌年夏、再び実習に来た彼を、能登氏は採用することにし、14年春からH君は日鐵鋼業の社員として働きだした。

能登社長の姉である三谷薫専務が、受け入れ態勢を整えようと障害者雇用の実践事例を学ぶために九州に出かけたり、先輩社員も様々に応援したりしたが、結局H君は丸1年で退社してしまう。多動性障害で一つのことに集中できないことから、スケジュールを組んでいくつかの仕事を回すようにしたことが、自尊心の強い本人には受け入れられなかったようだと能登氏は話す。

しかし、能登氏はその後、支援学校から再度要請があり、新たな実習生K君を受け入れる。前もって社員に相談すると誰も反対しない。愛嬌があり、野球好きだったH君のことが頭にあり、会社の空気が明るくなるし、助け合いの雰囲気が醸成され、会社にプラスになると考えたのだろうと想像している。K君は、今、正社員として働いている。H君のときは障害者雇用にややネガティブに見えた工場長が、今はなぜかK君を熱心に指導しているという。

「H君も、K君も実にいいヤツ。彼らがいることで会社、取引先まで含めて空気が変わった側面さえあります。私自身これまでは障害者雇用に対して、あまりにも無知だったし、偏見があったと反省しています。とはいえ当社の今後の障害者雇用については、まずK君が根づくようにすることが先決だと考えています」（能登氏）

障害者でもコミュニケーションに問題はない

橋梁や建設機械などに装着される吊り具用金具を製造するオーザックも、以前の経営の反省からワークライフバランスに熱心に取り組むとともに、障害者雇用を実践している一社である。同社の製品は東京港にかかるレインボーブリッジや瀬戸内海しまなみ海道の来島海峡大橋など、長大橋に欠かせないものとなっている。

岡﨑隆社長は１９８６年、父の後を継ぎ社長に就任したのだが、当時10人いた社員の平均年齢は54歳。これではあと6年で会社が消滅すると危機感を抱き、何とか新卒採用をしたいと考えるようになったという。バブル期に入っており業績は上向き、今度は四年生大学の工学部卒業生を採用したいと考えるようになり、そこで売上高5億円余りながら機械・設備含め総額5億円をかけて新工場建設に踏み切った。が、新工場完成の翌92年にバブルが崩壊、岡崎氏が描いていた改称したばかりのオーザックの将来像はものの見事に瓦解する。

その後は役員報酬の引き下げなど固定費の削減、新卒通年採用の停止、中途採用の停止など、必死の再建策が続けられる。そうしたとき、社内会議の「オーザックの将来が見えない」という社員の声に気付きを得た。同友会で学び、経営理念は作成していたが、まだ経営者だけのためのものだったのだ。そこで岡崎氏は、社員たちに将来が見えるように「事業発展計画書」をつくることを決断する。そしてこの「事業発展計画書」を社員と共有できたことが、オーザック再生のスタート地点となった。新卒社員の採用を再開したのは2005年のこと。その間も電子部品関連に手を出し、痛い目に遭ったりしている。

以降は本業に回帰し、コストを下げるために工場を24時間稼働に切り替え、社員も多能工化した。さらに生産管理システムを切り替え、注文、生産、在庫をコンピューターで管理し、納期遅れを根絶した。いずれも社員の理解、協力があって可能になったことだ。

夫人で専務の岡崎瑞穂氏は「ある時期から、私たちは社員を家族だと考えるようになった。ただ働け働けと言ってもだめだと気づいたのです。そこで社員の要望に応じて、2012年には完全週休二日制に切り替えるとともに、順次産休や育児休暇も取れる体制に切り替えてきています。社員を家族と考え、彼らのアイデアを借りることにより、生産性を落とすことなくそれらが可能になったのです」と語る。ここにも経営指針作成活動の好影響を見ることができる。

職場環境が整備された結果、社員の質も向上。岡崎氏によると「社員が面接するのですが、なんであんないい子を落とすんだという子まで落としている」と苦笑する。もちろん、それなりの理由はあるのだそうだが。

最後に、ダイバーシティである。岡崎専務が語る。

「うちの障害者雇用の社員は、沼隈特別支援学校との交流で来ました。当社へ来てとても熱心に勉強して、いまは品質保証部で働いています。症状からか苦手な作業はありますが、周りの人間とも十分コミュニケーションが取れており、障害者と健常者の区別なく、オーザックの一員として活躍しています」と説明する。

いずれにしろ、広島同友会福山支部の障害者雇用の取り組みは、一直線でとは言えないまでも、前進していることは間違いないだろう。その結果、会社や取引先まで元気になり、雰囲気も好転し、業績もまた上向きになっている。

女性比率が3割を超えると組織風土が変わる

沖縄がリードする、女性経営者の活躍

2018年6月21、22日の両日、さいたま市の大宮駅前にある高層ビルで、中小企業家同友会全国協議会（中同協）主催、埼玉中小企業家同友会設営による、「第21回女性経営者全国交流会～彩の国埼玉」が開催された。埼玉同友会の「女性経営者クラブ・ファム」（フランス語で女性の意）は、内閣府の17年度女性のチャレンジ賞特別部門賞を受賞するなど、活発な活動を続け評価されている。

牽引役は、埼玉同友会代表理事の一人で、埼玉、千葉両県中心にチェーン展開するメガネマーケット代表取締役の久賀きよえ氏。バブル崩壊直後に脱サラして起業。社員の相次ぐ退社、リーマンショック後の売れ行き不振といった危機を、2000年に入会した同友会での学びを生かして克服、メガネだけではなく補聴器分野にも進出し、「国内でも最高レベルの設備と技術でお客様に提案できる」と自負するチェーンとして、地域で知られる存在にまで育て上げた。

開催日当日、JR大宮駅から会場に向かう歩行者デッキは、遠路をものともせず駆け付けたといった感じで、キャリーバッグを引いたり、大きなバッグを手にしたりした、ビジネススーツ姿中心の女性たちで溢れんばかりだった。さいたま市での交流会には、全国43同友会から女性中心に過去最高の890余人が参加したという。「中小企業問題全国研究集会」と並ぶ同友会の重要行事である「中同協定時総会」への参加者が1300余人（18年7月5、6日の宮城県での総会）であることを考えると、女性経営者の全国交流会への関心の高さ、熱意がわかる。企業経営を真摯に学び、成長したいと考える女性同友会会員がこれほど多いのは驚くべきことで、同時に今後の日本経済の活力を考えた場合、歓迎すべきことだ。

わが国が人口減少社会に入りつつある中で、女性の社会的進出が着実に進行する一方、今後さらに多くの女性が社会進出すべきだとの考えが急速に浸透してきている。そうした状況下、政府が16年に施行した「女性活躍推進法」（「女性の職業生活における活躍の推進に関する法律」）などが後押ししての盛り上がりではないかと思われる。

この「女性活躍社会」を考える場合、二つの重要な側面がある。一つは様々な分野での女性リーダー、例えば企業であれば経営者・管理職、専門職の育成、登用である。もう一つはあらゆる組織において女性の働きやすい環境、つまり産休・育休が取りやすく、昇進・昇格において男女差別がない職場づくりであり、結果として女性が潜在的に有している能力を発揮できるように制度や風土を改革することで、前者のことが可能になる土台づくりである。ともに日本は世界の趨勢から大きく遅れているわけだが、ともかく同友会の女性活躍社会への取り組みを考える場合も、この両面から見ていく必要があるだろう。

まず前者についてだが、全国の同友会の中で女性リーダーの活躍が際立つ組織がある。沖縄同友会で、これは断トツだと言っていいだろう。沖縄同友会の設立は1987年と全国の同友会の中でさほど早いわけではない。しかも各地の同友会では80年代に入ると婦人部の設立が相次ぎ、90年には中同協婦人部（現・女性部）連絡会が設立されている。ただ「婦人部」という呼称には、自立した女性の会というニュアンスがごく希薄だった。

そうした流れの中、沖縄の女性経営者たちは89年に他の都道府県と異なり「女性経営者部会」を設立、名称については「碧（あおい）の会」とした。沖縄の青い海と空をイメージさせるとともに、それにより会員の連帯を象徴しているのだという。

子供の貧困、障害者雇用の問題

以前、中同協女性部連絡会代表を務めるとともに、長く沖縄同友会代表理事をも務めて、沖縄の女性部会をけん引してきた糸数久美子ＩＴＡＣ社長は、なぜ名称を女性部会としたかについて、「全国交流会に出席したときに、経営に携わっていない経営者夫人がサロン的に参加している様子に強い違和感があったからだ」と説明している。

糸数氏ら「碧の会」のメンバーたちは「あくまでも経営を学ぶ女性の集まりにすることを明確にし、経営に参画している人であれば幹部社員でも入会ＯＫだと規約を決めたのです」と語る。以降、積極的に仲間づくりを進めてきたという。

こうした沖縄同友会などの女性の自立性を重視する先駆的考えと動きが波及し、93年には中同協婦人部連絡会は女性部連絡会と名称を変えることになり、冒頭で紹介した女性経営者全国交流会もそれまでの全国婦人部交流会から名称を変更することになったのである。

沖縄同友会の「碧の会」が先進的であるのは、それだけではない。前述の糸数氏は２００３年から10年連続で沖縄同友会代表理事を務め、08年から3年間は比嘉るみ子氏とで、代表理事３人中２人を女性が占めていた。その後15年から3年間、新城恵子氏（アイリスエステサロン会長）がやはり代表理事を務めている。初期の十余年間を除いて、沖縄同友会の場合、女性代表理事が不在の年度はほとんどない。

「こうしたケースは他の同友会ではまず見られない」と糸数氏は強調する。それどころか、全国の代表理事を務める女性経営者を眺めてみても、10人に満たない。女性部会は次々と各同友会に誕生してはいるが、いまだにない同友会が７つもある。

現在の沖縄同友会だが、女性の代表理事こそいないが、副代表理事として石原地江氏（アンテナ代表取締役）と友寄利津子氏（NPO法人ライフサポートてだこ代表）の2人が活躍しているのに加え、石原氏によれば「すでに女性理事が全体の3割を超えている」という。石原氏は幼児をロンドンで過ごし、その後アメリカに留学、テンプル大学を卒業すると沖縄に戻った。旅行代理店、通訳会社などに勤めた後、1997年に劇的な出会いをした友人とアンテナを設立。つぶれる寸前までいったこともあるそうだが、現在は7人の社員と70人余のバイリンガルの登録スタッフを率い、企業や米軍関係の文書の翻訳業務や企業の海外業務を様々な角度からサポートするなどのビジネスで安定した経営を続けている。

キャリアもあって、石原氏の語り口はごく明晰。理事が3割を超えた結果、沖縄同友会がどう変化したかをこう語る。「近年、同友会内で特に女性が活躍しやすい環境が急速に整えられたように感じます。6年ほど前までは、出席していても発言の機会がなく、なんでこんな会議をやるのかと疑問に思うようなこともありました。しかし、今は例会でも女性会員の発言は多いですし、議長が『そろそろ今日の会議は終了したい』と言うや否や、ハイハイハイと手が挙がり、1分間だけ時間をくださいと言って、『子供の貧困問題を考える会合を今度やります。関心のある方はぜひ見に来てください』とか、『障害者雇用について一緒に考えませんか』とか、例会で取りあげられなかったテーマについての発言も相次ぎます。こうした女性が活発に活動する沖縄同友会の特徴は、糸数氏のような女性リーダーが他県に比べて多かったこと、沖縄独特の支え合いの精神と同友会理念が融合したことが理由ではないでしょうか」

2010年に閣議決定された「第3次男女共同参画基本計画」において、政府は「社会のあらゆる分野において、20年までに指導的地位に女性が占める割合を少なくとも30％程度とする」と目標値を掲げた。その時点で「指導的地位」に占める女性の割合が30％を超えていたのが、薬剤師と国の審議会等委員の2つだけ。その後も3割を超える分野が出てきたとは聞かないが、女性比率が3割を超えてくると、女性目線の議論が反映するとともに、男性優位の議事運営や決定システムが変化し、組織の雰囲気や決定内容が大きく変わってくることは間違いないだろう。

こうした変化に対する考え方、評価は個人個人で異なるだろうが、少なくとも人口の半分を占める女性の意見が社会の様々な面で反映することは意味あることだ。同友会の全国組織である中同協の会長、副会長、幹事長など主要役員にはまだ女性がいないが、遠からず女性が登場するだろうし、しないはずがない。

女性が働きやすい職場とは

話を後段の、「組織において女性の働きやすい環境、つまり産休・育休が取りやすく、昇進・昇格において男女差別がない職場づくり」、結果として「女性が潜在的に有している能力を発揮できるように制度や風土を改革すること」について移そう。

沖縄同友会女性部会をけん引してきた糸数久美子氏は、ＩＴＡＣという会社を経営している。愛知県出身の糸数氏は、夫で沖縄同友会初代代表理事を務めた糸数哲夫氏が、43年前に沖縄に帰り税理士事務所を開くに際し、夫唱婦随で手伝い、その後事務所の計算部とコンサルタント部門を一体化し、独立させるにあたり代表者となった。

現在、税理士事務所とＩＴＡＣグループとを合計すると男女半々、五十数人のスタッフになるが、「もともと会計事務所という特質からいって、女性の割合が高い。特に事務部門は。しかも、まじめな人が多い。それで早い時期から係長や課長に引き上げた。現在、男性部課長6人に対して、女性は4人。これは監査業務が増えて、男性社員が増えたことの影響です。女性社員の勤続年数も長く、38年とか、30年以上という人が数人います。子供も3人産み育てた人も数人いて、現在も産休中の人が2人います。初期のころに子育てが終わったら戻ってきたいという女性がいて、それ以来、次々と産休・育休明けとともに戻ってくるようになった。一人が休みに入ると皆でその仕事をカバーするようにしており、休んでいるときにも会社の状況を知らせているために戻ってきやすいようです」と糸数氏は解説する。

「うちの場合は、(ダイバーシティに関して) 制度化されている面もあるし、そうでない面もありますが、女性たちが長く働いてくれているのは、基本的に家族的にやってきたからだと思います」

6月21日の埼玉同友会設営の「女性経営者全国交流会」でも「家族的」という言葉を耳にした。

この日、筆者は澤浦彰治氏・原ミツ江氏が報告者となった分科会に出席したのだが、そのタイトルは「誰もが輝く『大家族経営』をめざして」だった。

群馬県の赤城山麓で農業生産法人グリンリーフを中心に5社からなる企業グループ（連結売上高36億円）を経営する澤浦社長とその右腕となって働いてきた取締役の原氏の経験談はリアルで波乱に富み、出席者を引き込むに十分だった。有機コンニャク栽培からスタートし、有機小松菜などの野菜栽培、有機野菜の漬物製造、有機冷凍野菜製造と手を広げてきた同社は、常に人材確保で悩み、試行錯誤を重ねてきた。

その解決策が「大家族経営」。地縁・血縁・知縁といった縁を大事にし、子育て中の女性や高齢者、障害者と雇用の輪を広げている。澤浦社長は、「現在グリンリーフの社員は109人。うち76人が女性。彼女たちの多くが時間給社員だが、当社では彼女たちのパワーを必要としており、長く働いてもらうために年金がつくようにしています」と語る。女性の最高齢は75歳で、役員も7人中4人が女性だという。

グリンリーフは現在、子育て中の女性が働きやすいように社内託児所を建設しただけでなく、子育てが終わった女性が労働意欲を持ち続けられるように成長支援制度（評価制度）の導入や将来に向けてのキャリアプランの提示なども行っている。

地縁血縁関係の濃い地域性からきているのだろうが家族経営を大事にしながらも、ダイバーシティ経営へと数歩前へ踏みだしていると言っていいだろう。

それでも高い、女性の退職者比率

すでにここまでの各章で名前のあがった企業、例えば日本茶のパッケージ市場でトップに立つ吉村では、橋本久美子社長が「仕事ができる女性社員が妊娠を機に次々と辞めていく」ことに危機感を抱き、そのうちの一人、現在、販売サポート部課長代理を務める須永史子氏が出産後の2006年、復職を願い出たのを好機に、彼女をモデルケースとして子育て中の女性社員が継続して働ける仕組みづくりに取り組むことにした。結果、現在の吉村は女性の産休・育休の制度化はもちろんのこと、男性社員の育休も会社として推進する方向へ向かっている。同社は現在、社員のほぼ4割が女性社員だが、結婚や出産を理由に辞める人はほぼいないという。これに先立ち、同社は11年には定年後の再雇用の受け皿として派遣会社正雄社を設立している。正雄は先代社長の名前からとったものだが、こうした社員にしっかり目配りの利いた経営により、既述のように業績も着実に上昇基調にある。

広島同友会の会員企業ププレひまわりも女性社員の働きやすい環境整備、制度づくりに力を入れている企業だ。同社の場合、ドラッグストアという業態の特性から全従業員2053人のうち1711人が女性（2017年8月現在）と、女性優位の人員構成となっている。

もともと同社は薬剤師だった現専務の梶原啓子氏が「ひまわり薬局」を開店、それが4店まで増えたところで、アメリカ視察から帰国した夫の秀樹氏がドラッグストア展開を提案、1978年に造船で知られる福山市常石に1号店を開設、以降、順調に広島を中心に中四国地方各地へ店舗網を拡大してきた。

この間の社員教育と人材確保を担ったのが、梶原専務だった。その過程で10年ほど前「これはまずいな」と思われることが起きた。仕事に通暁した年ごろの女性社員が結婚や、出産で辞めていくのである。

母親で子育て経験もある梶原氏はそこで、結婚・出産を経験した女性社員を中心に「スマイル・ママ・アクティブ・プロジェクト（SMAP）」を立ち上げた。目的は言うまでもなく、結婚、妊娠、出産ということがあっても女性社員が辞めなくてもすむような制度設計づくりである。

こうして時短勤務、産休・育休、さらには「準社員制度」という勤務時間や勤務地を限定して働ける制度の導入が続いてきた。人材登用面でも、例えば女性店長は2桁にまで増えてきているという。

とはいえ、「退職者の水準は高いですね。それは、結婚や育児、介護、配偶者の転勤などという理由で女性が全体の8割ほどを占めます」という。抜本的対策は「男女比を現在の2対8を、5対5にするということ」と梶原氏は語る。難しいところである。

「女性が活躍」できる制度を、どうつくるか

少子高齢化社会が到来し、すでに先進的な企業は、男女を問わず産休・育休制度、さらには高齢化時代に即しての介護制度の導入にまで進んでいる。育児に関しては時短勤務だけでなく、当日の休暇申告や自宅勤務など、より弾力的な運用を認める会社も出ている。男女による昇進・昇格格差の見直しも理想的とは言えないが着実に進む。

先に取り上げた家族的な企業経営も、女性や外国人労働者を繁忙期のみ低賃金で雇用する、むき出しの欲望のみの経営などから見れば、はるかに良心的だが、やはり制度で裏打ちされたダイバーシティ経営でないと、働く側に信頼も支持もされない。経営者が代わればどう変わるか、わからないからだ。

同友会役員のテキストである『同友会運動の発展のために』（16年刊）に、女性に関する言及がどれくらいあるかを調べてみると、第2章「同友会の活動と運営」の「4．会内組織の性格と役割」の最後の第5項目「青年・女性組織」と一括された文章中に、以下のようにあるのみ。

「会内の女性経営者や経営者夫人、女性幹部社員が経営問題を中心に学びあい、同友会理念にもとづき、人間的に高まりあう場として、女性部、女性の集いなどの組織が各地で生まれています。生活者の視点での企業づくりや、命を生み出し育む立場からの活動など、女性経営者ならではの活動

が共感を広げています。青年、女性組織には、同友会理事会の理解と支援体制が必要です」「女性経営者ならではの活動」という言葉に、違和感を覚える人も少なくないに違いない。すでにこの点で、「女性活躍社会」という概念から少しずれている気がする。

また女性の問題は女性に任せておけばよいという姿勢も垣間見え、「よい会社」「よい経営者」を標榜してきた同友会としてはいささか逃げ腰に見える。今や女性を含めダイバーシティ経営を視野に入れずして「よい会社」も「よい経営者」もありえないからだ。経営指針づくりや共同求人・社員共育同様、同友会全体としてダイバーシティ経営についても、女性部会だけにとどまらない論議が必要ではなかろうか。外国人雇用の研究部会なども必要だろう。

CHAPTER 08

「中小企業冬の時代」なぜ会員が増え続けるのか?

THE STRONGEST MANAGEMENT OF

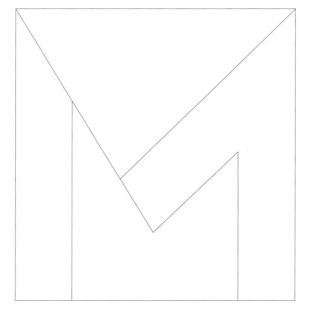

この経営者団体はどのように生まれたのか

9年連続で増加、会員5万人体制へ

「（東京で）日本中小企業家同友会ができて60年が過ぎ、全国協議会ができて50年目。この大きな時代の節目に、われわれはこの運動の歴史と理念を学び深め、継承することが重要です」

「ここで半世紀の運動の成果を確認します。企業づくりでは、労使見解を学びの柱に据えた経営指針の成文化と実践運動です。強靭な企業づくりの輪が広がっています。全会員でこの運動に取り組みましょう。地域づくりでは、中小企業憲章が閣議決定され、『中小企業振興基本条例』はここ数年、年間50を超す自治体で条例化され、昨年だけを見ると70自治体を超しました。私たちの運動は、国を動かし地域を変えようとしているのです」

「同友会づくりでは9年連続過去最高会勢を達成しました。来年度中には、全国5万名会員を目指しています。同友会は、社会への影響力が高まるといわれる対企業組織率10％を展望しています。5万名会員達成はその一里塚で、われわれの対企業組織率はわずか3％にすぎません」

2018年夏の猛暑がスタートする直前、全国的には梅雨前線と台風7号の影響で雨模様が続いていた7月5、6日の両日、仙台市内のホテルで、中小企業家同友会全国協議会（中同協）の第50回定時総会が、全国から1312人の参加者を集めて開かれた。今回のテーマは「同友会らしい企業づくりの輪を広げ、日本と地域の未来を拓こう」であった。

冒頭の言葉は、2日目の全体会開会に際して、中同協の中山英敬幹事長（福岡同友会相談役理事）が行った挨拶の概略である。

中山氏は企業内ベンチャーとして自らが立ち上げたコールセンター事業が会社側の意向で閉鎖されることになった際、当該事業の可能性を確信して1998年に福岡市で独立創業、その会社ヒューマンライフを現在の従業員数約160人、年商6億円超の会社に育て上げた手腕家である。最近、コールセンター事業の収益性が下がってきたことから、自社で健康食品を開発・販売を始め、経営の新しい柱に育て上げつつある。

中山氏の挨拶はガッチリした体つきにふさわしく声量十分、表情も自信に満ちていて、かつ論旨明快。当初はざわざわしていた会場も次第に静かになり、席に着いている会員の胸に中山氏の言葉がある種の感動と確信をともなって深く染み通っていくように感じられた。

それもまた当然であろう。この会場に集まった同友会会員の多くが、これまでたびたび取り上げてきた同友会の「三つの目的」や「自主・民主・連帯」の精神を十分に理解し、「社員はパートナー」と捉える「労使見解」をも自らのうちにしっかり収め、自社の経営指針づくりに生かしてきた同友会運動のコアメンバーといっていい人たちだからである。

残る人たちにしても、この会で同友会運動の神髄を学び取り、自らの経営に生かし、次代のコアメンバーたらんとする意欲十分の人たちである。でなければ、忙しい時間を割いて、東北仙台まで自費でやってくるはずはない。

政治団体や組合に似て非なるもの

それだけに、集まった会員たちは「連帯」を謳う組織だけに、単なる仲間と言うよりともに同友会運動を担ってきた、あるいは担っていこうとする強い精神的紐帯を有する同志だと言ってよい。経営指針成文化と実践運動で丁々発止と真剣勝負を戦ってきた仲であれば、なおさらである。

さらに言えば、やずやの八頭氏がそうであったように、各地の同友会で実績を上げた経営者は都道府県境を超えて各地に呼ばれ、自らの経営と同友会精神、あるいは同友会運動の関わりや意味について講演することが少なくない。会内では「会員講師」と呼ぶが、そうした学び合う関係もあり、同友会会員の交友は全国的であり、総会はその人たちの会社づくりの妥当性を確かめ合う機会ともなっているのである。

その同志の数がバブル後の一時的停滞から脱して２００９年から９年連続で増加し、しかも中同協設立50周年の節目を迎える19年には大台5万名の会員をほぼ確実に迎え入れようというところまで来た。中山氏の述べた数字から、彼ら会員は自分たちが展開してきた活動や理念にあらためて確信を抱くとともに、さらなる同志の獲得、会勢の一段の拡大に強い意欲を掻き立たせたに違いないのである。

一種の精神的高揚のためのアドバルーンに近いにしても、「もっといい国にするために誇りと確信をもって仲間を増やそう」「対企業組織率を10％に」という中山氏の前向きな言葉は中同協50年の歴史と同友会の今後、果たさなければならない使命を再認識させるに十分なものだったに違いない。

2日間にわたる仙台での同友会定時総会はそうした点を含めて大いに盛り上がったのだが、前日は半日をかけて16の分科会で会員たちが熱心に討議した点を含め、同友会の大会は一般的な中小企業経営者の団体の大会とは大いに異なり、ある種の思想や理念を共有し、それに基づいてつくられた運動方針で加盟者全員が動く、例えば宗教団体や政治団体、あるいは労働組合のそれに類似しているかのような印象を、部外者としては受けないわけではなかった。第1章において、同友会を「理念的」と捉える見方があることを紹介したが、多分にそうした点から来ているのだろう。

もっとも詳しくは後述するが、そうは言うものの、同友会は誕生のときから、一人の人間、一つの党派、一つの思想やイデオロギーに支配されることを拒絶してきたし、そうした体質を遺伝的に今日までしっかり受け継いできた。

例えば、同友会運動の主体は都道府県単位で設立された同友会であり、中同協は中央にあってそれらをリードする団体ではなく、あくまでも各同友会が集まり協議するための組織にとどまる。つまり一人の人間、一つのイデオロギーが全国の同友会をまとめ上げ、引きずり回すことはまず不可能な体制になっているのだ。理念的にも、長い論議の末に定式化された「自主・民主（のちに連帯の精神が加えられた）」という理念が大事にされているように、民主的であることが強く主張され、制度的にも、理念的にも独裁的で独善的組織とならないようしっかりと歯止めがかかっているのである。

中山氏は、挨拶の最後を以下のような言葉で締めくくった。

「（民間企業の）70％を占める中小企業で働く労働者が生き生きと働き、豊かな暮らしをしていくには、われわれ同友会が頑張るしかありません。そのためにも、この運動を共にする仲間をさらに増やし、全体の中小企業家のレベルを上げていくことが大切です」

中山氏の目、というより同友会の目は、現在の会員にとどまらず常にすべての中小企業、なかんずく経営を担うすべての中小企業〝家〟に向けられており、自らの原則を大事にしながらも開かれた組織を目指していることがわかる。ここでも、独裁的で独善的組織とならないような歯止めがかかっているのだと言ってよい。

同友会運動の誕生前史

いささか遅れたが、本稿では以下、この極めて特徴的な中小企業家集団、同友会運動の誕生前史からはじめて、その歴史と主要な理念がいかにして生まれ、現代に至っているのか、まさに「50年の先人」の動きを順次記していきたいと思う。そのうえでなぜ、この同友会が、時代の趨勢に反して着実に会員数を伸ばしているのかを見ていきたい。

わが国の多くの経済団体がそうであるように、中同協の誕生も戦後、それも２０１９年が設立50周年ということでもわかるように、他の経済団体よりかなり遅く、前回の東京オリンピックの5年後である１９６９年、つまり高度経済成長政策の下で日本経済が矛盾を孕《はら》みながらも急速に再加速を続けていた頃である。

ただし前史があり、前身とされる全日本中小工業協議会（全中協）の誕生は、そこからさかのぼること20年余の47年である。『中同協30年史　時代を創る企業家たちの歩み』（中小企業家同友会全国協議会）から全中協の設立後の動きを抜き書きすると、こうなる。「敗戦後中小企業が（財閥解体などにより）日本経済の中核的存在」と見なされることになるのだが、中核であるためには「自らの足でもって立派に立ち得る」ことが必要である。そうした考えの下で「経営の協同化と団結によって」、中小企業が「真に経済再建の母体的実力を名実ともに身につけよう」ということで、「自立的に結成された」のが全中協だという。政府や官僚が推進した、官製のものではないのである。もちろん政府等から財政援助を受けない。自立とか、団結とかの遺伝子は、このあたりが萌芽と言えるだろう。

しかしこうした自主・自立的な中小企業の地位向上運動は、まず朝鮮戦争による特需を契機にした日本の経済復興で頓挫する。中小企業は「下請け制、流通系列化など大企業と直結した形で再編成」される一方、「輸出推進のなかで各地に輸出型地場産業が形成」されていく。要するに、今日に至る日本経済の二重構造が構築されていくのである。

そうした中で、旧日産コンツェルンの総帥であった鮎川義介氏が主導する中小企業政治連盟（中政連）が急速に台頭してくる。最終的に中政連運動は彼らが推進しようとした「中小企業団体組織法」が必ずしも中小企業を強化する方向に向かわないことが明らかになる一方、鮎川氏の次男が大掛かりな選挙違反事件を起こし、結果、鮎川氏も政界から身を引かざるをえなくなったことから、急激に運動としての力を失っていく。

しかし、中政連は56年に「中小企業団体法案要綱試案」を作成し、「その後強力な運動によって、同年12月の段階で加入者１０００万人を超える『中小企業団体法期成同盟』を結成」するに至るのだった。

中政連にあらずんば人にあらずという風潮のなかで、中同協の母体とされる全中協に属する人たちの一部から反対の声が上がる。東京同友会の前身である日本中小企業家同友会に設立2年目から参加している田山謙堂中同協顧問は次のように説明する。

「後に私が聞いた話では、全中協のリーダーの中には戦前の経済統制で大変痛めつけられ、苦労した人たちがいた。彼らには上からの統制は自由経済をゆがめ、中小企業の発展を阻害するものだという強い思いがあった。彼らは中政連の政策の中に、戦前同様の官僚統制のにおいを嗅いだのです。それではとても一緒に運動を続けていけないし、いくべきでないと考えたというのです」

会員総数70人赤坂で設立総会

この時点で、全中協の大勢は中政連への加盟に傾いていた。これに対して、反対派は1957年、東原誠三郎、今井正作、山下保一といった各氏が中心となり、「中小企業団体法等反対連盟」を結成、粘り強く運動を進めていった。

両者の亀裂は大きく、東原氏らは「多数の全中協幹部の中政連への参加は全中協の精神の喪失である」として、57年4月26日、新たな組織「日本中小企業家同友会」の結成に踏み切る。当日、今は閉鎖された赤坂プリンスホテルの設立総会会場に集まったのは35人。会員総数は70人と、まさに烈風の中に生み落とされた赤子のようにはかない存在だった。

とはいえ注目すべきは、その設立趣意書である。

まず、①日本中小企業家同友会は、中小企業家の、中小企業家による、中小企業家のための会であり、「天は自らを助くるものを助く」の精神を自覚していること。

②中小企業の組織を全国一個に独り占めせず、多様な団体が共通の問題に対して協力し合うこと。

③中小企業の近似した層ごとに数多くの団体ができ、それぞれの利益を代表するとともに、共通の問題に対して対等の立場で協力し合うこと。

④②と③の確認が、会そのものの沈滞やボス支配を招来しない基礎となること。

⑤日本の国民経済には自主独立に欠け、独占の弊害が強まり、また、統制の風潮もあるとの認識を前提に、市場、金融、税制等の諸問題の解決こそ重要であると考え、今日の条件に適合すべき、中小企業運動を展開して新たなる寄与をなそうとすること。

当然と言えば当然だが、この設立趣意書の考えが連綿として今日の同友会運動に流れ込み、続いていることは、先の同友会定時総会のレポートと併せ読んでいただければ、よく理解いただけるであろう。敢えていえば、同友会はその基調に戦後民主主義が胚胎していた理想主義的思潮が流れているように見える。いずれにしろこの設立趣意書に盛り込まれた精神を基礎に、今や5万名を目前にした強靭な同友会組織が育まれたのだと言って間違いない。

それにしても、この時代にあって、なぜ同友会は9期連続で会員を増やすことができているのだろうか。

中小企業大廃業時代に
なぜ、会員が増えるのか

中小企業は年間5万社減か

2018年7月15日付の朝日新聞朝刊は、連載中の「平成経済」において「年5万減った中小企業『社会の主役』は大廃業時代へ」という大見出しで、中小企業の直面する問題を報じている。リード部分のみを紹介すると、「みなさん、ご存じですか？　日本にある企業の99・7％が中小企業で、働き手の7割が勤めていることを。『社会の主役は中小企業だ』と宣言する文書が閣議決定されていることを。そんな主役たちが姿を消し続ける（後略）」。

続く記事の前半で、中小企業家同友会が推進してきた「中小企業憲章」の国会決議に向けて奮闘する中村高明・中小企業家同友会全国協議会（中同協）副会長（前福岡同友会代表理事）の姿が紹介されているのだが、その辺りは次章の「中小企業憲章」の項であらためて紹介するとして、ここで注目したいのは、いささか大仰に見える朝日新聞の見出し「年5万減った中小企業」という表現である。近年の『中小企業白書』などを見ると傾向はやや緩やかになってきてはいるものの、それに近い倒産、あるいは休廃業・解散件数が毎年続いていることは否定できない。

全国の中小企業者が中核的会員を占める日本商工会議所と傘下の各地会議所の会員数が減少傾向にあるのは、それゆえ当然と言っていいだろう。商工会議所に限らない。中小企業経営者やその後継者が主たる会員となっているいくつかの全国組織を調べてみても、「会員の減少が止まらない」だとか「今期こそは、反転拡大に持っていきたい」などといった切実な声がホームページ上に溢れている。

ところが同友会の会員に限っては地区によって差はあるものの、全体として確実な増加曲線を描いている。あえて驚くべき例を挙げれば、「3・11」に際して市内699の事業所のうち604社が被災した岩手県陸前高田市を含む岩手同友会気仙支部でさえも、会員数は減るどころかわずかながらも増えているのだ。

前述したように、宮城県での定時総会において、中山英敬中同協幹事長は「(全体の会員数が)9年にわたり純増」と述べているだけでなく、「(全47同友会のうち)12同友会で、過去最大の会勢を達成した」と誇らしげに報告している。

このような同友会会員数の着実な増加に対して、「中小企業の絶対数に対してまだまだ同友会の会員が少ないからだ」と指摘する声がライバル団体から聞こえてこないでもない。しかし同友会とほぼ同じ、あるいはより小さい規模でありながら、会員数が伸び悩んでいる団体は少なくないのだ。否、それがほとんどだと言ってよい。とすると、先の指摘は全く当たっていないことになる。

確かに各同友会は代表理事、事務局長を先頭に会員獲得のために大変な努力を払っているが、逆風吹きすさぶ時代の中で努力だけではない別の誘引力が、同友会という中小企業の運動体に潜んでいることを窺わせる。引き続き同友会運動の歴史をたどりつつ、その辺りを探っていきたい。

会勢拡大のメルクマール

1957年に東京で日本中小企業家同友会が設立されると、数年のうちに考えを同じくする会が大阪（名称は当初、関西中小企業同友会）、愛知、福岡、神奈川に相次いで誕生する。これら同友会は交流を重ね、69年11月17日、5同友会に、北海道、京都の2準備会が加わり、「同友会運動の全国のセンター」と位置づけられる中同協が設立される。

もっともこの間、日本中小企業家同友会が都内の企業中心だったことから東京中小企業家同友会と改称する一方、その前段で労働政策をめぐって分裂騒動が起きたりしており、関西中小企業同友会も66年、大阪府中小企業家同友会と名称変更したのち、中国の文化大革命の評価をめぐって一部が分裂、大多数の会員があくまでも政治運動と距離を置くことを原則とする方針を堅持、今日に至っている。

このように同友会も世の多くの中小企業団体同様、すべてが順調に前進していったわけではない。『中同協40周年記念誌』は、「（各同友会は）『日本経済の真の担い手は中小企業である』との高い志の下、中小企業発展と社会的地位向上のため、各地で活動を展開するが、『共通化した目的の成文化』はその後のことになる」と記している。同友会も中同協も当初は組織として未成熟だったと言ってよい。しかし、すでに何度か触れているように、歴史の風雪を経て同友会の理念は次第に以下の3つにまとめられていき、最終的には1990年の中同協第22回定時総会で明確化される。第1が「三つの目的」、第2が「自主・民主・連帯の精神」、そして第3が「国民や地域と共に歩む中小企業」である。

まず第1の理念「三つの目的」だが、『中同協30年史』などによれば、73年の中同協第5回定時総会で採択されたもので、当時、北海道同友会の事務局長だった大久保尚孝氏が委嘱され、作成した「同友会の生いたちと展望」という文章に盛り込まれたのが最初である。中同協元会長の田山謙堂氏は誕生の経緯を、「中同協ができるまでの間、各同友会が年に一回くらい全国代表者会議を続けていた。その中で未加盟の経営者に同友会活動に関心を持ち、加入してもらうには確信をもって説明できる理念、スローガンが必要ではないかという論議が浮上してきた。『同友会をどうゆう会にすればいいのか』という論議です」とユーモア混じりに語っている。

そうした過程で生まれた「三つの目的」はまず「ひろく会員の経験と知識を交流して企業の自主的近代化と強靭な経営体質をつくることをめざす」を掲げ、「よい会社をめざす」と要約されている。次いで「中小企業家が自主的な努力によって、相互に資質を高め、知識を吸収し、これからの経営者に要求される総合的な能力を身につけることをめざす」を挙げ、「よい経営者になろう」という言葉にまとめられている。

ただしこの項については、運動のリーダーだった古手の人たちから経営者の資質を論議することに疑義が出されたこともあったと言われる。3番目には「他の中小企業団体とも連携して、中小企業をとりまく、社会・経済・政治的な環境を改善し、中小企業の経営を守り安定させ、日本経済の自主的、平和的な繁栄をめざす」と述べ、「よい経営環境をめざす」と要約されている。同友会はこれらの目的の実現を目指す集団であり、「三つの目的」はそれゆえ「相互に関連し、密接なつながりをもっている」と同友会内では認識されている。ともかく、会勢拡大のメルクマールとなったことは間違いない。

組織の求心力になっているもの

第2の理念「自主・民主・連帯の精神」は、「現在、すべての都道府県に同友会が存在し、4万5千名を超える組織にまで成長できた要因としては、自主・民主・連帯の精神にもとづく会運営に徹してきたこと」（役員テキスト『同友会運動の発展のために』）と指摘されるように、組織躍進の原動力であるとともに、「三つの目的」の土台となるものとされている。

先の『40周年記念誌』は、「自主・民主・連帯の精神」という理念が同友会の前身とも言うべき全日本中小工業協議会（全中協）の綱領にある「官僚統制その他独善的支配を排除し」「民主的全国組織の完成をめざす」や、日本中小企業家同友会の設立趣意書に盛られた「中小企業家の、中小企業家による、中小企業家のためのもの」といった考えを引き継ぎ、それに77年に開かれた東京同友会第24回定時総会におけるスローガン「研鑽と連帯そして繁栄」から連帯が加わり、まず東京同友会で用いられ、やがて全国に広がり、90年になって同友会理念として定式化されたとする。

ちなみに「自主」とは概略、「会の主体性を守ること」「会員の自発的参加を基本とすること」であり、「民主」とは「ボス支配が起らないようにする」「企業内では、民主的なものの見方や考え方を積極的に広めていくこと」だとされる。「連帯」は会内では「（会員同士が）高い次元でのあてにしあてにされる関係」をつくり上げることを、対外的には「あらゆる階層の人たちと手をとりあっていくこと」を意味している。

第3の理念「国民や地域とともに歩む中小企業」は、オイルショック直後の74年、中同協と東京同友会が「私たちは、便乗値上げ売りおしみ等の悪徳商人にはならない」との声明を発表したことに端を発している。

その後変遷を経て、91年の規約前文において「中小企業家同友会は、中小企業の繁栄をはかることにより、地域社会と日本経済の発展に寄与し、かつ中小企業の社会的地位の向上をめざす」と明示し、『中同協40周年記念誌』はそのことをもって、「同友会運動が中小企業家という特定の階層の要求実現から地域と日本経済全体の発展の責任を担うという全国民的立場を明確にした」としている。この視野の広さも同友会の特長であろう。

いかなる個人も法人組織も、誕生時以来の歴史を抱えている。同友会組織の場合、全中協、日本中小企業家同友会を経て、各地に同友会が誕生、中同協に加わるという形で全国運動として広まった。淵源となった全中協は47年、まさに戦後混乱の真っただ中で誕生し、それゆえ先にも触れたように戦後民主主義とそれが内包する理想主義、自由主義、平和主義の鮮烈な影響を身にまとっていたように見える。同友会にもその思潮は受け継がれており、「三つの目的」の3番目の項目や、第2の理念「自主・民主・連帯の精神」などに端的に表れているといってよい。

日本社会を構成する多くの組織は戦後から遠ざかるに従い、明治政府によって強烈に刷り込まれた戦前的思想への回帰の潮流に流され、そこに90年代以降アメリカ渡来の市場原理主義が接木《つぎき》されて閉塞状態に陥りつつあるように見える。

そうした状況下、数ある中小企業団体、のみならず経済団体の中で、ほとんど同友会組織のみが若々しい運動体としての活力を保持しえているのは、実のところ「リンゴの唄」や「青い山脈」が声高に歌われたころの、日本社会再生に向けての民主主義や個人主義、理想主義などの清新な遺伝子、つまり歴史に錬磨されながら培われた運動の原則を今日なおその組織の中に強く保持しているからではないかと思われてならない。ここまで振り返ってみると、そうした思いを強くする。

ドラッカー教授はその著『マネジメント―基本と原則』において「組織をして高度の成果をあげさせることが、自由と尊厳を守る唯一の方策である。その組織に成果をあげさせるものがマネジメントであり、マネジメントの力である」と、まえがきで記している。中小企業のマネジメント集団である同友会が展開している運動のありようは、このドラッカー教授の考えとも通底していると言っていいだろう。

「労使対等」が同友会の基本

同友会運動の発展を考える場合、先の3原則と並ぶ「道標」とされる「労使見解」を見落とすことはできない。同友会ではこれからの時代を目指す企業像として、「21世紀型中小企業づくり」を提起しているが、その基本になるのが「労使見解」の学習とされていることからも、その重要性が理解できるであろう。

『中同協30年史』によると、この「労使見解」は1975年1月の中同協第5回幹事会で「中小企業における労使関係の見解―中同協」として最終的に採択され、広く会の内外に発表され反響を呼んだとされる。

労使問題は、日本中小企業家同友会が結成されてまもない57年から連綿と内部で検討が続けられてきたもので、戦後長らく続いた総労働対総資本というイデオロギー対決の時代状況を反映して、一時は自社内の労使紛争激化から会社を畳もうかと悩む会員経営者も出るほどで、同友会にとっては解決が迫られるきわめて大きな問題だった。

中同協前会長（２００７～17年）の鋤柄修氏は「労使見解」ができるまでの経緯を、「われわれの先輩は厳しい労使対立が続く中で、いたずらに争ってばかりいてはダメだ。会が民主を訴えているのだから、民主的に話し合おう。雇う側、雇われる側と立場は違うが対等に、可能な限り労働条件を話し合いで決めていこうということで、その前提となる労使見解を明文化しようということになったのです」と語っている。

１９８５年から中同協幹事長、会長を22年間にわたって務めた赤石義博氏（故人）は、労使紛争に直面した経営者の一人だが、「労使見解」がいかに企業経営において意味があるかを、その著『人間尊重経営を深める』の中でごくわかりやすく説明している。

「この『何のために経営するのか』には、大きく二つの道があります。もし自分もしくは自社の儲けのためにだけ事業をやろうとしているなら、社員や客はその金儲けのための補助員に過ぎなくなるわけですから、こき使うだけこき使って倒れたらポイと捨ててしまう。ノルマを達成しなければ能力の低い人間だからと解雇してしまう。正論をいう社員は、社長に逆らう不良社員というレッテルを張ってやめさせる。（中略）社員を利益追求の補助員としか見ていなければ、社員もそのことに気がつき離れていくでしょう。残るのは金さえ貰えばいいという無気力な社員だけで、そんな企業に未来はないでしょう。（中略）

（対して）社員との関係では、社員は仕事を通じて社会に貢献する最も信頼できるパートナーになり得る同志であり、共に学び合うことにより、共に人間として成長し合える仲間であるとも確信している。その確信を現実のものにするために、学びあう場や時間をしっかり設定し、また何でも話し合える風通しのいい明るい職場づくりを心がけている。こうした職場では、社員はのびのびと働き、アイディアなども自然に出てきます。こういう企業には未来が拓けていくのは当然です」

同友会が推進している「経営指針成文化」運動で、「労使対等」という考えが受け入れられず脱会せざるをえない会員がいるという話はすでに記したが、仮に脱会者が出ても絶対に妥協しないのはやはり「労使見解」が同友会運動の基本だからに違いない。もっとも経営指針成文化に関しても、その核となる「経営理念・基本方針」等の成文化が会員間に広く浸透しているかといえば、東京中小企業家同友会の２０１８年度上期の調査では「経営理念・基本方針等について特に決めていない」という会員がいまだ14・９％存在するという。

また、セミナー受講者で「よい経営者になる」ことを明言している人の中にも、社会的な規範を破っても割合平気な経営者もいないでもない。同友会らしさを体現しようと懸命な人が圧倒的に多い中で、残念ながらそうでもない会員も散見すると言わざるをえない。

それはともかくとして、これまでに記した3つの理念をベースに、経営指針書の成文化とそれに付随した学習、共同求人から始まって新卒採用、各段階での「共育」といった活動が、一方で会員に交友関係、つまり情報網の広がりをもたらし、また一方で経営面でのプラスをもたらしていることが、景況感のいまいちはっきりしない中でも、同友会全体でみると着実な会員数の増加をもたらしていると言っていいだろう。

CHAPTER 09

国、自治体、
金融機関を動かす

THE STRONGEST MANAGEMENT OF

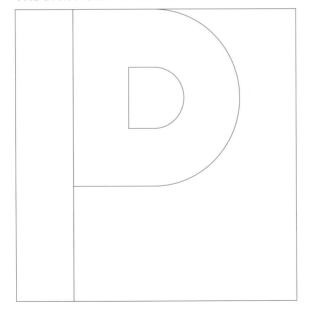

「全国署名運動」が国の政策を転換させた

中小企業政策を転換させた運動

福岡県中小企業家同友会相談役理事で、中小企業家同友会全国協議会（中同協）副会長の紀之国屋会長の中村高明氏は、ものづくりを業とする中小企業経営者というより、今や見かけることが少なくなった東京・銀座や日本橋の大店のご主人といった温和な風貌の経営者だ。言葉遣いも丁寧で、慶應義塾大学を出て、私鉄大手、西日本鉄道のエリート社員だったという前歴も十分うなずける。

中村氏は周囲から前途洋々と見られていた39歳のとき、重病の床にあった父親の懇願を受け入れ、福岡県直方市にある従業員3人の、吹けば飛ぶようなベアリング販売店を継いだ。一時は人事管理上の悩みなどから自殺を考えるほどに追い詰められたこともあったという。そうした修羅場をくぐった経験を糧とする一方、同友会などで学び、今では産業用機械・器具・工具の販売、省力機器の設計・製作、産業用ロボット販売などを中心に、紀之国屋をグループ年商25億円、従業員

278人の会社に育て上げた。温和な風貌の中に、川筋者と呼ばれる筑豊人の熱い心意気を抱く経営者だと言っていいだろう。

全国の中小企業家同友会は、自らの考える中小企業政策を政府や地方自治体に認知してもらうために、創設以来、様々な働きかけを行ってきたが、商工会議所などに比べはるかに組織が小さいことや組織として政治的中立を堅持してきたことなどもあり、その主張が政府、地方自治体の政策に反映されることには限界があった。そうした中で、中村氏が福岡同友会をベースに提起し、全国の同友会に満身の力を込めて働きかけたあることが、同友会をして従来の政府の中小企業関連政策を見直させる一つの大きな原動力へと変えることになる。

同友会は、現在に至るまで自らの掲げる対外的あるいは対内的な課題を解決しようと組織を挙げて動いてきたことは、これまで述べた通りだ。しかしそのうちまだ紹介していない2つのこと、一つは「中小企業振興基本条例制定」運動であり、もう一つは「地域金融機関との連携促進」だが、これら「地域のインフラ整備」「中小企業の環境整備」等の問題に関わる同友会独自の運動は、実は中村氏が提起した問題意識を基点としているのだ。

バブル崩壊直前の1980年代後半、先進国の金融機関はBIS（国際決済銀行）の決議により、国際業務を行うところは自己資本比率8％以上、国内業務のみのところは同4％以上と決められた。そのためにバブル崩壊で不良債権が急拡大し始めていたわが国の各金融機関は、存続のために背に腹は代えられぬと、貸し渋り、つまり当該企業の経営状態にかかわらず一律的に中小企業への新規貸し出しを渋りだし、中には貸し剝がしという強引な手法で既存の貸し出しを引き揚げる金融機関も相次いだ。金融機関側とすれば貸し出しを減らせば自行の自己資本比率を上げられるからで、現実に中村氏の知人の会社も、大手都市銀行の貸し剝がしにより流動性不足に陥り倒産に追い込まれたという。

中村氏が怒りと危機感を募らせていた折も折、立教大学の山口義行名誉教授（当時は助教授）がアメリカの「地域再投資法」にヒントを得て、金融アセスメント法（「地域と中小企業の金融環境を活性化する法律案」仮称）制定を独力で国会に働きかけていることを耳にする。福岡同友会の代表理事を務めていた中村氏は、「（これはいいということで）99年5月に山口先生に来てもらい、福岡同友会の理事に法案の趣旨や狙いを話してもらったのです」と事の始まりを語る。

全国署名運動の大きな反響

金融アセスメント法案についての詳細は章後半の「地域金融機関との連携」の部分において説明するが、簡単に言えば金融機関は「地域で集めたお金は地域や地元中小企業に還流させよ」「貸し渋り、貸し剝がしなどなくせ」「融資に際しての第三者保証や物的担保の差し入れ、経営者の個人保証など歪んだ取引慣行を見直せ」などといった内容で、長年、中小企業経営者を苦しめる一方、新規事業主・起業家の参入を拒んできた金融制度上の障壁を取り払うべしというものだ。当然、従来の金融行政のありようにも注文が付いていた。

福岡同友会は中村氏らの提議を受けて、金融アセスメント法制定のための宣言書、推進のための趣意書を作成、署名活動に入ることになった。最初は経営者のみが対象だった。ただ福岡県だけではパワー不足ということもあり、「しばしば論議しつつ酒を酌み交わす」中村氏の長年の知友、鋤柄修氏が代表理事（その後、中同協会長、現相談役幹事）を務める愛知同友会にも同調を求めた。

愛知同友会では若手経営者たちが早くに金融アセスメント法案に注目、動き出していたのだが、全体として堅実な経営風土のために企業の金融機関からの借り入れが少なく、一方で金融機関に目を付けられると後々困るなどという忖度《そんたく》もあり、当初は動きが鈍く「なかなか火がつかなかった」ようだ。だが鋤柄氏らの熱心な働きかけが功を奏し、やがて燎原の火のように愛知同友会内に署名運動は広まっていき、最終的には13万人、全都道府県中トップの署名者数を集めるに至る。

福岡、愛知という有力同友会での賛同の動きを背景に、中村氏は鋤柄氏らとともに当時の赤石義博会長（故人）など中同協三役と面談、金融アセスメント法案制定に向けての署名運動を同友会挙げての運動にするよう要請し、賛同を得た。同時に全国の同友会に協力を求めて説明に走り回った。署名については経営者以外も広く対象にされた。『中同協50年史』（草稿第7章第3節）はそれに続く動きを、以下のように記す。

「二〇〇〇年一月に中同協は、『金融システム検討会議』（代表・河野先幹事長）を設置、第三二回定時総会（兵庫）で金融アセスメント法制定運動を提起しました。（中略）同（二〇〇一）年七月の第三三回定時総会（北海道）では、金融アセスメント法制定をめざす全国署名運動を本格的にスタートさせました。二〇〇二年三月には第一次国会請願（七〇万名分署名）、二〇〇三年三月には第二次国会請願（一〇〇万名分署名）を行い、大きな反響を呼びました」

大きな反響というのは、九州のブロック紙西日本新聞や朝日新聞など有力メディアが「中小企業の経営者が運動を起こした」等と書き立てたことも一つだが、それ以上に政府が100万名の署名という重い数字にようやく重い腰を上げ動き出したことがあげられる。

社会に働きかけて国の政策を変える

もっとも政府が動き出す前段に、中村氏たちのもう一つ別の動きがあった。

「あるところから、国会や政府を動かすには、地方議会から意見書を出すとよいという話を聞き、金融アセスメント法案の必要性を地方議会で論議し、その決議を国に上げてもらおうということになり、その運動を合わせて始めたのです」（中村氏）

同友会からの陳情書が全国の都道府県、市町村議会に次々に提出され、この結果、地方自治体のおよそ3割、925の地方議会から意見書が国会に提出されることになった（最終的には09年までには1009議会で採択)。

こうした動きの中で、2003年3月に「リレーションシップ・バンキング(略称リレバン)の機能強化に関するアクションプログラム」が、金融庁から出される。当時は小泉純一郎内閣で、内閣府特命担当大臣は竹中平蔵氏であった。リレバンは「金融再生プログラム」と対をなすもので、地域金融機関を対象としており、経営健全化のために無理に不良債権処理を進めると地域経済に悪影響を及ぼすので、金融機関は中小企業と綿密に情報交換を行うべきだというのが、主旨だった。

内容はこのほか多岐にわたるが、「金融機関はどのように地域貢献しているか公開すべき」など、同友会が推進してきた金融アセスメント法案の骨子がかなり取り入れられていた。事実、竹中大臣も、国会答弁の中で「国民の皆様の声(中略)を実感したうえで、今回の問題に取り組ませていただいた」と発言している。

同友会の金融アセスメント法案制定に向けての働きかけは、もう一つの「融資に際しての第三者保証や物的担保の差し入れ、経営者の個人保証など歪んだ取引慣行を見直せ」という点に関しても成果を上げ始めた。まず第三者連帯保証原則が禁止になり、さらに13年になるとある条件の下では金融機関は経営者保証を取らないとのガイドラインが、金融庁から発表されたのである。

つまり大きな反響のもう一つは、このように同友会挙げての金融アセスメント法案制定運動が、法制定にまで至らず、限定的ではあったが国の政策をも動かしたという事実であった。この結果、会員4万人余りにすぎない同友会組織だが、一致団結し、多くの国民の理解を得、巻き込んでいけば、国政をも動かせるのだということを各会員が自覚したのである。運動が目に見える成果をもたらせば、会員の士気は上がり、組織への参加意欲は向上する。仲間獲得へのパワーの源となるのは当然である。それがまた同友会の次なる運動と組織拡大へとつながることになる。

07年、中村氏の盟友である鋤柄氏が、中同協幹事長を経て会長に就任する。ずばりと事の本質を指摘し、強力なリーダーシップで組織をけん引する経営者だというのが、氏を知る多くの人の鋤柄氏評である。スポーツマンらしくもあり、理系学部出身者らしくもある。

会長就任に際して、鋤柄氏はある決心をしていた。その著書『経営者を叱る』の一文を以下に引用する。「同友会全体が金融アセスメント法制定運動を通じて、『社会に働きかけることで、国の政策を変えることができる』ことを知った。これをさらに推し進めなければいけない」

こうして鋤柄氏が取り組むことになるのが、「中小企業憲章」制定運動であり、「中小企業振興基本条例」制定運動である。「中小企業振興基本条例」についてはこの後で紹介する予定なので、ここではまず「中小企業憲章」に関して記すことにする。

経済繁栄の原動力は中小企業の発展

鋤柄氏は、「中小企業憲章」と早い段階から関係をもった同友会リーダーの一人であった。愛知同友会はEU議会における「小企業憲章」採択に関する情報を02年2月に手にするや、さっそく同年9月にオランダ、ベルギーへヨーロッパ中小企業政策視察団を派遣する。団長がほかならぬ鋤柄氏だった。「ヨーロッパ小企業憲章」はその前文で、「小企業はヨーロッパの経済の背骨である。小企業は雇用の主要な源泉であり、ビジネス・アイデアを生み育てる大地である。小企業が最優先の政策課題に据えられて初めて、〝新しい経済〟の到来を告げようとするヨーロッパの努力は実を結ぶであろう」と記している。

その清新で明確な内容に衝撃を受けて帰国してきた鋤柄氏らの報告をもとに、同友会は03年の福岡における総会において、中小企業憲章制定運動を提起する。なぜ同友会が「中小企業憲章」に着目したかは、このときの総会宣言を読めば理解できる。

「私たちが金融アセスメント運動の中で学んだことは、日本経済繁栄の原動力は中小企業の発展にあり、そのためには金融政策のみならず、国の経済政策そのものが中小企業を軸に大転換する必要に迫られていることです。すでにヨーロッパでは21世紀の経済発展と雇用の担い手は中小企業にあるとの認識に立って『中小企業憲章』が制定されています。日本においても、中小企業を国民経済の豊かで健全な発展の中核と位置付ける『中小企業憲章』の制定が望まれます」

もっとも当初は、鋤柄氏にしても中村氏にしても「中小企業憲章」をどう考え、どう捉え、どういう内容にすべきか「ほとんど訳のわからない状態だった」という。しかし彼らの誰もが抱いていたのは、明治期の殖産興業、戦後の傾斜生産方式、高度経済成長政策などに代表されるように、政府の経済産業政策は常に大企業優先であり、そうした政府の姿勢を受けて、就業者の7割が中小企業で働いているという現実があるにもかかわらず、国民の中小企業に対する目は差別的であり、蔑視としか言いようのないもので、身に染みるほど冷淡なものであった。

「例えば高校の先生が、教え子を中小企業に世話したところ、父兄から何でうちの息子をそんなところへ就職させるんだと怒鳴り込まれるなどという話がままありました。そうした父兄の認識と、その背後にある社会の見方、構造を何とか変えたいと考えたのです」と、中村氏はより具体的に「中小企業憲章」制定の狙いを説明する。政府の姿勢、国民の意識を変えるためには、「中小企業憲章」の制定は不可欠だと、同友会のリーダーたちは考えたのだ。

福岡で開かれた中同協総会ののち、当時の赤石会長をヘッドに学習運動推進本部が中同協内につくられ、そこでの検討事項から「草案」が作成される。そうした時期に、民主党政権が誕生する。中小企業憲章に関して、従来の政権与党は「すでに中小企業基本法があるのに、屋上屋を重ねることはない」との立場だったが、同友会側の働きかけなどもあり、旧民主党など野党は早くから、理念を盛り込んだ中小企業憲章の制定に賛成しており、マニュフェストにも盛り込んでいた。

10年6月、菅直人政権時に「中小企業憲章」は閣議決定されるに至る。内容は経済産業省のホームページで今も閲覧できるので、ここではあらためて記さない。ただし残念ながら旧民主党政権が短命だったために、国会では決議されなかった。同友会は現在も「金融アセスメント法」とともに、「中小企業憲章」の国会での議決を求めて、運動を続けている。

それはともかく、この「中小企業憲章」制定運動は、「同友会が中央官庁に認められるきっかけとなった」と鋤柄氏は振り返る。「担当省庁の中小企業庁を中心に、『同友会という組織はよく勉強しているし、主張も筋が通っている』と評判になった」というのである。先の金融アセスメント法案制定運動もあり、同友会は小粒ながら中小企業団体の一つとして中央官庁、そして都道府県はじめ各地方自治体に次第に認知されるようになっていく。その契機となったのが、冒頭の中村氏らの動きであったことは言うまでもない。

中小企業振興の条例が町全体を元気にする

田川市の未来を考える「報告会」

福岡県田川市は筑豊炭田華やかなりし頃、炭鉱で栄えた町である。しかし周知のように１９６０年代に起きたエネルギー革命により、ピーク時10万人を超えていた人口も激減、直近では５万人を割るところまできている。炭鉱閉山後、政府などの資金が入り炭鉱住宅やボタ山が整理され、今日の田川市はこぎれいな地方都市という印象だが、足元では人口減、少子高齢化など地域の衰弱が確実に進んでいることは否めない。

その田川市で、２０１８年11月13日夕刻、「『中小企業振興基本条例』を活かす！ 田川市中小企業振興基本調査報告会」なる催しが、市内の福岡県立大学講堂で開かれた。主催は田川市産業振興会議で、商工会議所など市内の中小企業団体、田川信用金庫など市内の金融機関、田川市や県の出先機関が共催していた。もちろん同友会田川支部も加わっている。主催者側は来場者について「２００人にどれだけ上乗せできるか」と当初かなり心配げだったが、開いてみると３００人を上回る入場者となり、「盛大な会になった」と顔をほころばせた。

報告会は2部構成で、1部の冒頭では地元の西田川高校、東鷹高校、田川科学技術高校（いずれも県立）の3つの高校の生徒グループが、「田川の未来を考える」とのテーマで、自分たちがこの町で創りたい会社・事業を想定、企業理念、経営方針、経営計画などを策定、発表し、2部では立教大学CSI（社会情報教育研究センター）の櫻本健准教授らが、主催者である田川市産業振興会議が行った地元中小企業へのアンケート調査の分析結果を報告した。

高校生の発表は西田川高校が「インターネットテレビ局の開設」、東鷹高校が「AIを活用した休耕田を有効活用する無人農業」、そして田川科学技術高校が「ごみの地産地消を可能にするごみ発電所」という内容で、発表により地域の未来が膨らんでいくのが感じられたからだろう、来場者から大きな拍手が送られた。

発表までわずか3カ月ほどしか準備期間はなかったが、同友会の会員の熱心な指導が高校生を燃え上がらせ、好結果を呼び込んだと言っていい。来場者の中にはこの催しのためにシンガポールからわざわざ駆けつけてきたという人もいて、「地元高校生のアイデアに光るものがありました。実現のための支援をしたいと思いました」と感動の声を寄せている。

こうした催しがなぜ開かれることになったのか。話は13年の6月にさかのぼる。田川市役所産業振興課内では、町の衰退を止めるにはどうしたらいいかとの議論が続けられていたが、市内に

2000社余りある中小企業が元気になり、雇用を生むようになれば、人口減少が止まるのではないか、町が消滅危機から免れるのではないか、との意見が出た。話はさらに一歩進んで、それには何らかの指標、つまり条例が必要ではないかということで、勉強を始めた。たまたま中小企業振興基本条例と検索すると、中小企業家同友会がヒットした。そこで田澤好晴課長が福岡市内の福岡県中小企業家同友会を訪ねることになった。この時点で、田川市にはまだ同友会の支部はなかった。

条例制定運動に力を入れる理由

「中小企業憲章」は既述のように2010年に閣議決定されたが、同友会ではさらに前進して国会決議を目指すとともに、組織内で憲章の学習、普及運動を推進していた。一方で会内では中小企業憲章の閣議決定を一つの学びにして、自治体が中小企業振興策を明確にし、内外に中小企業重視の姿勢を明確にするとともに、首長が代わっても自治体の政策は不変であることを担保するために、各自治体の特性に留意した「中小企業振興基本条例」を制定すべきだとの考えが強まってきた。結果、10年11月、従来の「中小企業憲章制定運動推進本部」を「中小企業憲章・条例推進本部」へと改組した。条例化をより一層推進しようとの姿勢を明らかにしたのである。

中小企業振興基本条例は、1979年の東京都墨田区を嚆矢《こうし》とし、その後都内各区から大阪府八尾市などへと制定の輪が広がった。県レベルでも2002年の埼玉、04年の茨城と徐々に広がりを見せ始めていた。もっとも、初期は必ずしも同友会主導ではなかった。

田川市が条例を検討し始めていたこの時期、福岡県内でも、福岡県、福岡市、北九州市が条例制定へ向けて動き出しており、福岡同友会では中山英敬理事（現・中小企業家同友会全国協議会幹事長）が中小企業憲章・条例推進本部長を務めて、先頭に立って制定運動を推進していた。実は中山氏は所属こそ会社の所在地の関係で福岡市内の支部だが、生まれも育ちも、そして現在の自宅も田川市内である。田澤氏はそうしたことを全く知らず、中山氏を訪ねてその偶然に驚くことになる。

中山氏は地元田川市の中小企業振興基本条例づくりに協力するに際し、同市に同友会の支部がないのが気になった。条例づくりを推進するには、中小企業団体側に支援体制がないと進まないし、なぜ条例をつくるのかをよく知っている人がいないとしっかりした内容のものができない。目を付けたのが、田川市内で不動産・住宅販売などを手掛けるさくらトータルライフの創業社長の堀弘道氏だった。勉強熱心で、見るからにパワフル。人柄も丸くリーダーシップもある。

もっとも堀氏は「条例づくりに協力してくれと、中山幹事長に言われたが、その時点では条例をつくって何が変わるのかよくわからなかった」と正直に述懐する。堀氏は当時、地元に同友会支部がないため隣町ののおがた（直方）支部で活動していた。近隣の支部には堀氏を含め田川在住者が5人おり、この5人を核にして田川支部を立ち上げることにした。支部長は堀氏、中山氏は全面的バックアップの姿勢を見せるべく自ら相談役に就いた。

正式に田川支部が発足するのは17年4月。条例づくりと支部創設とが、以降、並行して進んでいく。一方で、中山氏や堀氏らは条例制定を改めて市側に提起、両者で勉強会を開くことにした。次いで同友会以外の諸団体、商工会議所などの商工関係の団体や田川信用金庫などの金融機関、県の出先機関などの参加者も招じ入れて、「中小企業の振興のための勉強会」が設けられ、考え方のベクトル合わせが行われていった。

ここであらためて「中小企業振興基本条例」とは何かを紹介しておきたい。慶應義塾大学経済学部の植田浩史教授（中同協企業環境研究センター副座長）によれば「一般に自治体が地域の中小企業の役割を重視し、その振興を政策の柱としていくことを明確にする理念条例」だとする。理念条例は「具体的な政策を示すものではなく」「基本的な考え方を提示している条例」である。「前文」が付くことが多く、「当該地域における中小企業の経済的、社会的、歴史的、文化的役割について言及」されている。

どのように田川を元気にするか

田川市の条例もこうした理念条例のパターンを踏襲しており、15年9月、先の勉強会から出された素案をもとにつくられた議案が市議会で議決され、施行されることになった。前文の冒頭部分だけを紹介する。「田川市は、田川盆地の中央部に位置し、市の中央を遠賀川の支流、彦山川、中元寺川が貫流し、美しい田園と河川の風景が見られる自然豊かなまちであり、『炭坑節発祥の地』として石炭産業の隆盛とともに発展しました。しかし昭和30年代の国のエネルギー政策の転換による石炭産業の衰退は、石炭産業を中心として発展してきた本市に大きな衝撃を与えました。

その後、本市は、地域再生に向けたまちづくりを推進してきましたが、石炭産業に代わる基幹産業の構築には至っておらず、現在、本市事業所の大多数を占める中小企業が地域経済の基盤をなしています。これら中小企業は、地域経済の主要な担い手として本市を支え、景気低迷期においても、経営努力により活路を見出してきました。（中略）

ここに、中小企業の振興を本市の重要政策と位置づけるとともに、中小企業に関する基本理念及び基本方針等を定め、中小企業が力を発揮することで地域経済に活力を生み、市民やそこで働く人々が生きがいと働きがいを見出すことができる豊かで住みよいまちの実現に寄与するため、この条例を制定します」

実のところ自治体の中には、振興基本条例をつくっただけでおしまい、というところもないではない。しかし基本理念である「三つの目的」の中に「よい経営環境をめざす」と謳い、三つの理念の一つに「国民や地域と歩む中小企業」を据えている同友会としては、そこでとどまっていては何の意味もない。条例が施行されると、16年11月に田川市産業振興会議が条例に基づき設置される。

会長には中山氏自らが就任した。自治体側の職員と参加する中小企業経営者などが地域の問題点を確認し、解決に向けてベクトルを合わせていく必要があるからである。この時点で、中山氏らは市側と協議し、「まず中小企業の現状を調査し、そのうえでビジョンをつくること、さらにそれを受けて中小企業振興基本計画を策定し、アクションプランへと進めていくこと。そこに至る見取り図を作成したうえで実務に入っていくことを確認しました」と言う。

実務を担う部隊として、翌17年4月には31人からなる「実務責任者会議」が設置され、堀氏が委員長に就任。ほかにも4人の同友会会員がメンバーに加わった。まず行うことになったのが市内中小企業の実態や生の声を聞くためのアンケート調査。文案は外部の専門機関に委託せず、自分たちの手でつくった。11月、2511社へ調査票を郵送、12月の締め切り時点では12％余りの回答にとどまったために、「会議のメンバーで手分けをして、最終的には35・7％まで引き上げることができました」と堀氏は振り返る。

この時点で、堀氏らは「アンケートの分析結果を中小企業関係者だけでなく、一般市民にも届けたい。それにこの町を元気にするには、卒業すると都会へ出ていってしまう高校生をいかにとどめるか、いかに地元中小企業に目を向けてくれるようにするかだ。そのためのきっかけづくりを、これを契機に行えればいい。高校生のキャリアプランの形成にも役立つような機会にもしたい」と考えていた。そこで出てきたアイデアが、高校生に架空の会社を設立してもらい、同友会でいう「経営指針書」をつくってもらおうというものだった。前述の課題に対して生徒たちは熱心かつ真面目に取り組み、西田川高校はエボリューション、東鷹高校はSPファーム、田川科学技術高校はスマイルメーカーという架空の会社を設立し、地元企業の会員経営者が付き、それこそ寝食を忘れて支援した。冒頭に紹介したように報告会での結果発表はとても好評で、2019年以降は前年参加できなかった田川高校と福智高校も加わり、市内近隣5校が全部参加することになったという。狙い通り、高校生の地元への関心は着実に深まりつつある。

二場公人田川市長の『中小企業が田川を変えていく』に寄せた挨拶に発表会の成果は集約されている。「11月13日に開催されました『報告会』では、田川地域の未来について、地元3校に発表いただきましたが、地域の現状や課題を分析したうえで、『エネルギーシフト』や『新産業創生』等をテーマに経営指針書としてまとめ、新しいアイデアをいただき、いずれも素晴らしい内容で感銘を受けました。

今回の取り組みが高校生の成長に繋がったことは言うまでもありませんが、学校教育の段階から中小企業の存在意義を伝えることで、地元での就職や地元回帰に繋がり、新たな可能性が生まれることを大いに期待できる内容だったと思います」

ちなみにアンケート分析結果の報告は「人手不足に悩む事業者が多い中、地元の若者を雇用し、育成している企業ほど伸びる傾向にある」などといったもので、この分析結果は今後の地域ビジョン、基本計画の策定に役立てられることになっている。

地域経済を活性化する多くの試み

ここまで、田川市の中小企業振興基本条例制定とその後の動きを見てきた。では、条例制定で先行した他の市町村ではどうなっているだろうか。北海道別海町。知床半島の南側付け根に位置し、東京都23区と多摩地区主要部を合わせたと同じ広大な面積を持つこの町は、人口1万5000人弱に対し、約11万頭の乳牛が飼育されている酪農王国である。大手乳業メーカー4社の工場が立地し、自衛隊の駐屯地もあることから、急激な人口減に見舞われている北海道内の他市町村とはやや趣を異にしている。同友会活動も活発で、町内の法人のおよそ3割が会員で、その比率は全国の市町村ではトップクラスである。

その別海町で中小企業振興基本条例が施行されたのは2009年4月のこと。全国の町村レベルでは初だった。山口寿北海道同友会くしろ支部別海地区前会長によると、条例制定の経緯は以下のようなことになる。

「当時、別海に地区会がなく、われわれは町のことを論議する機会がなかった。で、地区会をつくろうということになり、07年4月に南しれとこ支部別海地区会が結成されることになった。結成時40人の会員でしたが、今は90人近くに増えています。ちょうどそのころ、帯広市で条例が施行されたので、我々も関心を持ち勉強していたところ、たまたま新しい町長が就任したものですから、中小企業振興基本条例の制定を働きかけたのです」

町長はアグレッシブな人で即座に町役場の産業振興部に検討を命じたのだが、寝耳に水のことで現場はかなり混乱したようだ。山口氏らは商工会とも連携を取り、「別海町中小企業振興基本条例成文化会議」を行政も巻き込んで発足させ、09年4月には制定へとこぎつける。ちなみに山口氏は食料品や事務機器の販売を手掛けて、年商4億円余という富田屋を経営している。

別海町の条例で特筆すべきは、地域の医療問題への対応である。条例第8条では「中小企業者等の努力」項目として「暮らしやすい地域社会の実現に貢献」が謳われているが、当時、町民が頼りにしている町立病院の小児科医が不在になる寸前という危機的事態に陥った。小さな子供を持つ親たちは、これでは安心して暮らせないと町を離れる可能性がある。同友会では医師や病院スタッフと町民との交流を深める事業を柱とする別海町医療サポート隊「医良同友」(会長には当時の南しれとこ支部別海地区会長の寺井範夫氏が就任)を発足させる。同友会会員だけでなく地元民と、医師や病院スタッフとが交流を深めることで、地域に愛着を持ってもらい、根付いてもらおうというのが狙いだ。成果は着実に実っているという。

その後も別海地区会は様々に地域と連携する試みを続けており、山口氏によれば「町唯一の高校である別海高校の生徒を広い世界を見てきてほしいとの考えから、京都大学や釧路公立大学へのプチ留学に送り出しています」。ほとんどの卒業生が卒業後、東京や札幌に出ていくが、その前に見聞を広め、都会の大学に進学しても、いつか別海に戻ってきてほしいとの思いを込めての取り組みだ。現地区会長の西原浩氏（アークスファーム代表取締役）は「中小企業支援などの面では、条例施行時に掲げた目標にはまだ遠いが、（地域支援など）いくつかの点では着実に前進しています」と語る。

若者がいなければ、中小企業は疲弊する

再び話は福岡同友会に戻る。北九州市地区会は会員数およそ200人。数年前から市議会に中小企業基本条例づくりを求めて働きかけてきたが、14年になって突然、議員立法で中小企業振興条例を制定しようとの動きが急浮上してきた。しかも理念型ではなかったため、地区会では市議会各党に「少なくとも理念型に」と働きかけ、どうにか理念型に落ち着いたのだが、同友会の目指す内容とはズレがあることは否めなかった。当時、北九州地区会長だった坂本敏弘福岡同友会副代表理事はこう語る。「条例施行後、中小企業振興協議会が開かれ、私もメンバーとして意見を求められた。そのとき話したのは、地域に若者が残っていない。18歳、あるいは22歳で出ていく。我々も努力するが、市のほうでも協力をお願いしたいということ」

もっとも、振興協議会は開かれたとはいうものの年1回にすぎず、メンバーは中小企業団体代表や中小企業経営者、学識経験者だけでなく、大企業経営者も加わっており、そこでの論議をなかな

か実効ある中小企業政策に結び付けることはできなかった。

そうした中で、坂本氏は粘り強く中小企業が成長することが北九州市にとって大事だという合意を取りまとめていき、「今年度（２０１８）は、中小企業成長促進モデル事業と言うのがスタートしました」という。まず5社が選ばれ、北九州市が成長支援策を講じるというものである。坂本氏が経営する計測検査もその中に選ばれた。

計測検査は、工業都市北九州市に立地する化学工場のプラント設備の非破壊検査と解析を行う会社として、１９７４年に創業された。その後、鉄道や橋梁、トンネルなど大型構造物にも検査対象を広げるとともに、材料評価や振動測定なども行うようになった。業務エリアは首都圏や中部圏にまで広がっている。最近ではトンネルなどのコンクリート構造物の劣化診断作業を従来より大幅に短縮する「ＭＩＭＭ」検査システムを三菱電機と開発し、関係業界で注目を集めている。現在、従業員は１２０人。この10年間でほぼ倍増しているというから、先端技術を有する急成長企業と言っていいだろう。

「早くから共同求人活動に参加し、地元の高校生を採用してきましたが、最近は大卒中心にシフトし、このところ年4、5人採用しています。北九州の大学生は福岡や東京などの大手企業に入りたがりますが、組織の歯車になりたければそれもいいだろう。逆にうちへ来れば2、3年でいろんなことを経験できますよと言っています」

着実に社員を採用できている計測検査はやや特殊な事例かもしれないが、不動産、リフォーム関連の会社を経営する市丸皓士北九州地区会長は、「高校生や大学生のインターンシップ受け入れや、地元高校の先生との懇談会を開くなど、（北九州の）同友会は同友会として若者たちに地元に残ってもらうための努力を続けています」と語る。

北九州市の場合、人口が100万人を切ったとはいうものの、九州第2の都市でもあり、進学、就職で出ていく学生も多い一方で、大学などへの進学で入り込んでくる人たちもいる。住環境の優れた地区もあって近郊や遠隔地から移ってくる若い人もいて、政令指定都市の中では合計特殊出生率は高いほうだという。構造は複雑で、対応策もシンプルではない。

ただ、若者がいなければ労働力が枯渇し、中小企業は疲弊する。当然地域も衰退する。中小企業振興基本条例制定は、実のところ北九州市だけでなく全国どこの地域にとっても極めて大きな意味を持っている。

金融機関は中小企業の強い味方になれるか

活況の沖縄経済を支える地銀連携

那覇市の中心部にある沖縄海邦銀行本店。役員応接室でインタビューに応じてくれた上地英由頭取はいかにもエネルギッシュな風貌に加え、ざっくばらんな語り口もあって、バンカーというより企業経営者といった印象を与える。ただし経歴は1976年に琉球大学を卒業すると同時に当時の沖縄相互銀行（現・沖縄海邦銀行）に入行。以来、海邦銀行一筋。頭取就任は2012年である。

風貌だけでなく、経営の舵取りも相当に挑戦的で、金融庁が志向するリレーションシップ・バンキング（リレバン）に関しては、県内に本拠を置く琉球銀行、沖縄銀行という地銀2行に比較してより積極的だと言われている。ちなみに同行は預金残高6433億円余（18年9月中間期末）で、沖縄県内にある3つの地銀、第二地銀の中では最も規模が小さい。「ここ10年ほど、沖縄経済は活況が続いていています。堅調な官公需に加え、観光客増がホテル建設を促し、建設関係は大手、中小問わず好調。起業も活発で、事業所数は増加が続いていています。人口も多くの他県と異なり、（首都圏と並んで）今後10年間は増加する見通しですので、他県のように銀行が多すぎるから1県1行に集約しないといけないという状況ではありません。それに沖縄には信用組合はなく、信用金庫も1金庫ですから」（上地氏）

その点では地域金融機関の再編を強力に促しているとされる金融行政に必ずしも賛同しない姿勢を明らかにしつつ、上地氏はこう述べる。

「森信親・前金融庁長官の時代になると、地域金融機関はそのありようを変えるべきだとの強いメッセージが出された。法人・個人双方に対する顧客本位の密着営業を経営の根幹に据えなさいというのがそれで、私個人はもっともなことだと思っています。われわれは前身が無尽会社であったにもかかわらず、普通銀行に転換する30年以上前から、地銀と同じスタイルで経営を行ってきた。しかし資金が必要な地元の個人、小規模業者を含めた中小企業に融資する第二地銀の本来的な役割を改めて考え直し、信金さんが目を向けている中小・小規模な個人・法人にも目を向けるべきだとの発想で、ここへきて動き出しています。その点で地銀2行さんと若干異なる営業スタイルに変わってきています」

こうした海邦銀行と懇談会というレベルを超えて連携を深めつつあるのが、沖縄県中小企業家同友会である。沖縄同友会は女性代表理事、副代表理事が次々と就任する一方、会員数の増強も目覚ましい、先進的で活力ある同友会組織である。

すでに触れたように、同友会は中小企業にとってのよりよい経営環境づくりを目指して「金融アセスメント法制定運動」を00年から推進してきた。中心になったのが中村高明・福岡同友会代表理事（現・中小企業家同友会全国協議会副会長）であり、その成果が03年に金融庁から発表された「リレバンの機能強化に関するアクションプログラム」であった。

その後、中同協並びに各都道府県の同友会はアクションプログラムに基づき、各金融機関、団体と懇談を重ねてきた。同友会役員向けテキスト『同友会運動の発展のために』では自治体との連携強化を謳うとともに、金融機関との関係についても「地域経済の血液である資金供給をつかさどる金融機関との連携は特に重要です。『地域経済の繁栄』を共通理念に、地域金融機関との懇談を定期化し、中小企業金融政策の充実のために連携していく姿勢を重視しましょう」と強調している。

こうしたスタンスの同友会側にとっても、地域金融機関側にとっても画期となったのが当時の森金融庁長官の就任であり、新たな金融行政方針の発表だった。地域金融機関が「利用者に信頼される機関になること、地域に密着したサービスを提供する機関になること」と強く変身を促す森長官の下で15年からスタートした新たな金融行政は、長年、同友会が提唱してきた金融アセスメント法に近づく内容だと理解されていると言っていいだろう。

同友会企業専用提携ローンの開発

こうした状況下で、16年10月、沖縄同友会は沖縄海邦銀行と包括連携協定を結ぶ。直接的な端緒となったのは、同友会会員で、地域活性化や人材育成のコンサルタントを行う、カルティベイト社長の比嘉梨香氏が15年に海邦銀行社外取締役に就任し、同行と同友会双方に連携の提案を持ち掛けたことである。

実はそれ以前に、沖縄同友会は13年に海邦銀行を含む地元金融機関と提携して事業性ローンを組むことで協力したことがあった。だがその際、信用保証協会の保証が必要との一項があったことから、「保証協会の審査で融資が決まるまでに時間がかかり、早く資金を手当てしたい企業側には使い勝手が悪かった」（宮沢賢沖縄同友会経営委員）ために、頓挫した経緯があった。

そうしたこともあり、最初の両者の打ち合わせは疑心暗鬼でぎくしゃくしたものにならざるをえなかった。ただ毎回2時間ほどの打ち合わせの後、懇親会を開き、胸襟を開いて話し合いを重ねた結果、連携協定は互いの研修会やセミナーへの参加や講師派遣、銀行主催のビジネスマッチングへの同友会会員企業の参加、融資提携商品の開発など幅広い内容になった。出席者は同友会側が小渡玠（ｏｋｉｃｏｍ社長）代表理事（当時）らと、政策委員長だった赤嶺剛・現副代表理事（スタプランニング社長）、海邦銀行側は大濱薫専務（当時）、兼城賢雄常務に担当部長らであった。

「一時期、比嘉さんの下で働いていたことがあり、最初に相談の電話を受けた」という赤嶺氏は、「実のところ同友会会員は、案外、海邦銀行さんと付き合いがなかった。しかし、話し合っているうちに、お互いに連携は必要だということがわかってきた。そして、3回目の会合くらいに海邦銀行さん側からあらためて提携ローン（融資提携商品）を作りませんかという話が出てきたのです」という。

対して上地頭取はこう語る。「われわれにとり最終的に重要なのは、取引先の社数。そこが増えていけば、たとえ今が500万円、1000万円という融資額でも、その中から将来1億円の取引となる会社が出てくる可能性があります。そうなれば銀行冥利に尽きます」

沖縄同友会は現在、1200社の会員企業がある。それだけの数の企業と関係ができ、取引先にしていくことができれば、海邦銀行には大きなメリットとなるということだ。

提携ローンの話に入ると、従来のように信用保証協会が加わるようなものでは意味がないと、同友会側は強く主張した。金融当局の姿勢が変わっても、銀行側が変わっているとは思えなかったからだが、この点については海邦銀行側が当然ながら了解した。

もう一つ、提携ローンの交渉過程で課題となったのは金利だった。海邦銀行側は3％を主張したのに対し、同友会側は「高い」と反発し、なかなか折り合いがつかなかった。同友会に持ち帰って討議したところ、元銀行員で経営コンサルタント・宮沢財務管理オフィス代表の宮沢賢氏が、「場合によってはサラ金や街金に駆け込もうという会員さえいる。スタートアップしたばかりの企業などが生きていくにはお金という血液が必要。無担保で貸してくれるというなら、3％でも高くはない。必要とする経営者はたくさんいる。絶対のむべきだ」と強く主張したのだという。賛同する声は少なくなく、結局、金利3％は受け入れられることになった。

こうした経緯を経て、提携ローン商品を含めた包括連携は成立した。その後、同友会側の勉強会に海邦銀行の支店長や行員が参加したり、海邦銀行主催のセミナーなどに同友会会員が出席したりと、交流は活発化しているという。提携ローンのほうも動き出し、これまで会員から、30件の申し込みがあり、融資を受けられることになったという。返済が焦げ付かないように、同友会も経営アドバイスなどの支援をしている。読谷村地区では提携ローンにより同友会会員が融資を受けられたとの情報が伝わり、希望者が一気に6人に達したという話もある。

こうして見ると、沖縄同友会と海邦銀行の包括連携は着実に進展しつつあるようだ。もっとも同じ海邦銀行でも支店長の体質、考え方により、取り組みがばらばらではあるようだ。しかし海邦銀行の動きに促されるように、琉球銀行など他金融機関との連携協定も動き出している。

地域ナンバーワン信金との連携

沖縄のように連携協定という形こそとっていないが、同友会が重視する人材教育やセミナーの共同開催などで、地域金融機関と関係を深めている同友会もある。その一つが北海道同友会とかち支部である。米木稔とかち支部事務局長によると「十勝は北海道の中でも『十勝モンロー主義』と呼ばれるように、独特の気風の地域です」という。他地域と異なり、この地域は民間人が主体となって開拓が進められたことから、官に依存するところが相対的に少なく、自主独立の気概を持つ人が多いと昔から言われているのだとか。

そうした気風と合致したのだろう、人口35万余りにすぎないこの地域の同友会会員は900人近くに達する。これは岡山県や長野県の同友会よりも多い。中心の帯広市は人口16万8000人。全企業数の19・38%が会員企業で、この組織率は同規模の都市では断トツである。いずれにしろとかち支部は、北海道庁十勝総合振興局管内では、相当な存在感を持っている経営者団体だと言って間違いない。

一方、ここ十勝では抜群の存在感を誇る金融機関がある。帯広信用金庫である。預金高は7027億円と道内信金中3位。経営は堅実で自己資本比率は高く、また帝国データバンク札幌支店が行った2017年の道内メインバンク調査では、北洋銀行、北海道銀行に次いで、シェア3・92%で3位に食い込んでいる。

帯広信金の支店網は帯広市内を中心に十勝全域に広がるが、隣接する釧路はもちろん、札幌にさえも出店していない。つまりメインバンクとなっているのは十勝管内の企業がほとんどだということであり、その点でもこの地域における帯広信金の存在感の大きさがおのずと知れる。

しかも帯広信金はその支店網やメインバンクの多さでも推察できるように、基本的に地元密着型の経営を貫いてきた。事実、地域経済振興部長を長年兼務してきた秋元和夫同信金常務は「私どもは、金融庁が地域密着型に切り替えるようにとの方針を出す以前から、地域密着型でやってきています」と明言する。

合同新人社員研修、セミナー共催も

ではどうして、地域金融機関との連携を訴えてきた同友会とかち支部と、地域密着型経営を推進してきた帯広信金との連携がもう少し早くに立ち上がらなかったのか。秋元氏は「ひとつは同友会側が特定の金融機関と特別の関係を結ぶことを、従来、回避する傾向があったように思えます」と述べた後、こう付け加える。

「だからと言って、私どもと同友会とが疎遠だったわけではありません。私どもの融資先が同友会の会員であることは珍しいことではありませんし、私どもが東京都内で主催した十勝の物産商談会などには同友会の会員企業さんも多く出展されています。十勝地区では農協さんの中にも同友会会員さんがおられますが、そうした農協さんも同様に出展されます」

実のところ日本銀行帯広事務所長を務めたことのある秋元氏は、帯広信金に移ってからもとかち支部内の地区会に呼ばれて何度も講演したことがあるのだそうだ。また米木とかち支部事務局長によれば「以前から、同友会の勉強会などに帯広信金の方が参加されていたと聞いています」という。あえて連携とは銘打ってはいないが、いろいろな形で実態的な連携が行われてきたということだろう。

そうした積み重ねがあったうえで、地域金融機関としての原点に返ろうという帯広信金の経営姿勢の変化などもあり、18年7月に合同で新入社員研修会を開き、11月には両者の共催による金融セミナーを開催するという連携の動きが強まってきたのである。ちなみに合同新入社員研修は、入社後のフォローアップ研修との位置づけで、帯広信金から26人、同友会側から11社18人が参加し、いずれの参加者からも好評だったことから、今後とも継続的に行われる予定である。

米木事務局長は、「全国で金融連携の動きが広がっているが、協定はできても必ずしも実効性が上がっていなかったり、形だけにとどまっていたりするものもあると聞きます。私どものようなあり方もあっていいと思っています」と自信ありげに語った。

CHAPTER 10

地域の発展は企業の発展

THE STRONGEST MANAGEMENT OF

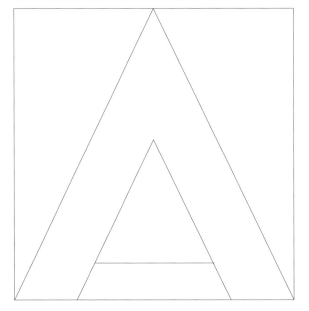

6次産業化で実現した「農業は成長産業」

農家も経営を学び、自立する

羽田空港から1時間半ほど、初冬の十勝帯広空港に降り立つと冷涼な空気に包まれた、広漠な黒々とした農地の広がりに圧倒される。十勝平野は小麦、ジャガイモ、ビート（甜菜《てんさい》）、豆類、長芋などの日本有数の産地であるだけでなく、隣接する釧路・根室地方と並ぶわが国を代表する牛乳生産地であり、また肉牛飼育でも南九州と並ぶ頭数を誇る。2018年は初夏の天候不順や9月の北海道胆振東部地震によるブラックアウト（大規模停電）の影響もあり、十勝地区24農協の農産物取扱高は17年の3388億円には届かないものの、それでも過去2番から3番目の取扱高だと地元メディア「農業TOKATI2018」（とかち毎日新聞社発行）は予想している。

同メディアはまた、十勝地域は21年には17年を上回る3500億円の農業生産額を見込んでいると記している。EUとのEPA締結やアジア太平洋地域11カ国と結んだTPP発効による安価な海外農産物の輸入増というマイナス要因は見込まれるものの、十勝の農業生産者は数字を見る限り極めてアグレッシブに生産拡大に取り組んでいることがよく理解できる。全国的に休耕田畑や耕作放棄地が急速に増えてきているが、十勝では平野部に農地の空きはなく、耕作をやめる農家が出てきても土地は取り合いの状況だと聞く。

「十勝では農業は成長産業なのです」と、関係者は口を揃える。当然、農業機械の低廉な自動運転ソフトを開発している農業情報設計社（濱田安之代表取締役CEO）のような農業系ベンチャー企業も集結する。濱田氏は国立研究開発法人農業・食品産業総合研究機構の元研究者で、「20年前からロボットトラクターの開発・研究を続けてきた」という。

その研究成果を生かして生み出したのが、GPSを使ってトラクターの位置と方向を把握、直進運転をサポートする「アグリパスナビ」で、いわば農業版のカーナビである。従来型の三分の一の価格で提供できるというので、農機メーカーや農家から大きな注目を集めている。

このような十勝の農業の元気を象徴している、あるいは元気を支えている存在が北海道中小企業家同友会とかち支部農業経営部会だ。中小企業家同友会は本来、第二次、あるいは第三次産業に分類される企業経営者中心の会と考えてよい。ところが、とかち支部ではやや趣が異なる。30年ほど前の1989年3月に農業経営部会を発会させて農業者に門戸を開いたのだ。「農業者が中小企業経営者とともに学び合い、〝農業経営者〟として自立した経営を行う」ことを目指したのである。

当初30人足らずの会員だったが、2010年代には100人の大台に乗り、直近では支部会員

880人のうち175人（18年度年初）が農業部会会員という盛況ぶりだ。大規模営農の農家や農業法人が増加し、農家といえどもしっかりと経営を学ぶ必要があると自覚する人たちが増え、その場として3つの目的の一つに「国民や地域とともに歩む中小企業」を掲げる同友会を選ぶようになったことをこの数字は示している。と同時にそのことは、とかち支部の固定観念にとらわれない柔軟で先進的な取り組みと組織の活性化力をも示している。

初代部会長は、この地区に産地直送という新しい手法を導入した北海ファーム三和取締役会長の早苗諭氏である。1945年生まれの早苗氏は農業高校を出ると地元へ戻り、畑作中心に切り替え、作物は主として仲卸などを通じて出荷していた。

しかしあるとき、4000万円もの不渡りをつかまされることになり、勉強の必要性を感じ同友会に入会する。同時期に紹介する人があり、首都圏のあるスーパーへ直接出荷するようになり、今ではジャガイモ、大根、グリーンアスパラ、ブロッコリーなど多種の野菜が首都圏のスーパーや全国の顧客に送られている。これが十勝近辺の産直のはしりとなった。繁忙期にはスーパーの社員が手伝いに来るようになったともいう。

それを見ていた当時の沢本松市支部長が、「全国有数の食糧基地十勝において、時代の変化に対応できる農業経営の勉強をめざそう」と早苗さんに声をかけたのだと、北海道同友会のレポートにはある。

ポップコーンの商品化に挑む

十勝地域（北海道十勝総合振興局管内）は人口34万人ながら、同友会とかち支部は農業経営部会の隆盛もあり、道内第2位、札幌に次ぐ会員数を誇る。刺激されたかのように道内各支部でも農業関連部会が発足、現在8支部にまで広がっている。

2000年代に入ると、道内に限らず全国の同友会でも農業関連部会を設けるところが目につくようになってきた。03年の宮城同友会農業部会（現・食と産業創生部会）、12年の愛知同友会農業部会、15年の山形同友会の食・農部会等々で、これまた8道県にまで拡大している。同友会は長年、地域の衰弱は日本経済と組織の死活問題だと主張、活性化に努力してきたが、経営資源である人、物、金ともに深く地域と関わっている農業分野へと、その活動が広がっていることは、その新たな展開の表れであるとともに、必然でもある。

こうした躍進を続けるとかち支部の部会長として現在、農業経営部会を引っ張っているのが前田農産食品社長の前田茂雄氏だ。前田氏は1974年生まれ。東京農業大学を出るとアメリカの大学に1年半ほど留学、25歳で就農している。

帯広郊外本別町の生家は曽祖父の代に岡山から入植、祖父、父親の代まではデンプン工場も経営していたが、72年には閉鎖、まったくの農業法人となっている。

当初、前田氏は父親の下で手探りしながら小麦などの生産技術向上に取り組んだが、アメリカ留学の経験から、さらなる規模拡大に目が向いていったという。結果、地域の他の農家より単位当たり収量が増え、規模も次第に拡大できたのだが、数年後、農林水産省の政策が変わり、作付制限が導入されることになった。これを契機に、前田氏の挑戦が本格的に始まることになる。いかにも大地に根差した農業者といった逞しい風貌の前田氏は、自らの歩みを次のようなたとえ話で説明する。

「みんなが高速道路に乗るのだが、俺の車だけは砂利道へ入っていった。それもこの間まで雑木林だったところ。ゴールも見えないけれども、いつかこの道が貫通し、ゴールも見え、舗装されると信じて踏み込んだのです」

安易な道を選ばず、苦しいかもしれないが独自の道に挑戦してきたということであろう。

その第一弾が、自ら収穫した小麦を小麦粉に加工、直販することであった。小麦生産者が政府の財政支援を受ける一方、自社の顧客を持っておらず、収穫した小麦を農協や仲卸などに納めてこと足れりとしている、それゆえ政府の作付制限を受け入れざるをえないのだと考えたからだ。

前田氏は道内の製粉会社に製粉を依頼、それを夫人の実家のある横浜市近郊のパン店に飛び込みで持ち込んだ。「自分たちが作った小麦の味を知りたい」という思いもあってだ。2週間後、パン店から「久しぶりに特徴のある粉に出合った。売ってほしい」と電話があった。味が認められただけでなく、これを契機に小麦粉の直販ルートが開かれたのだ。

従来、前田農産食品は113ヘクタールの畑地で春・秋の小麦を中心に、甜菜、豆類を生産し、かたわら小麦粉を直販してきたが、2013年から日本の農業生産者では初めてといわれる挑戦を始めた。ポップコーンの製造と原料である爆裂種トウモロコシの栽培だ。北海道農業の弱点である冬場の仕事の確保と、輪作体系の整備・強化、そして消費者への接近の3つが狙いであった。

自ら2度、3度とアメリカの生産農家に出向いて栽培や爆裂種の製造方法を学んだものの、初年度、2年目と10トン余りのトウモロコシをすべてフイにするなど、失敗が続いた。

ようやく爆裂種トウモロコシが栽培できても、今度は手作りのポップコーン製造機械の不具合が起きる。次々と生じる問題を社員とともに克服して、電子レンジで簡単に食べられるポップコーンがようやく製品化できたのは16年春。

現在、市販価格（税込）で1個230円の自社ブランド「十勝ポップコーン」を50万個生産、大手スーパーマーケットなどに出荷している。北海道庁や農林水産省などから次々と賞を受けた前田農産食品のポップコーンは、歯ごたえがよく甘みもあってとてもおいしい。販売は順調に伸び、正社員1人に3人のパート社員を新たに雇用、地域の活性化に役立っている。

前田氏の挑戦に対する注目度は高く、記者が尋ねた日にも、民間ベースで食農連携を推進しようという活動で知られる日本食糧連携機構の増田陸奥夫理事長（前農林中央金庫副理事長）一行が訪れていた。

6次産業化に挑戦する牧場

前田氏が率いるとかち支部農業経営部会は現在、会を挙げて「6次産業化」に向けて努力を続けている。周知のように、農業（1次）プラス加工（2次）プラス流通・販売（3次）、合わせて6次産業化農業と呼ぶ。今村奈良臣東京大学名誉教授が理論化した、農業の付加価値を高める取り組みで、農林水産省も力を入れている。

前田氏もこうした考えを同友会で学んだわけだが、まだ加工した商品を自ら販売するところにまで至っていない。そこで19年の夏から一つの取り組みを考えている。「ヒマワリを栽培し、迷路を作ってお客さんに来てもらう。入場料500円で、ポップコーンを手に回ってもらい、農業にも関心を持ってもらう」（前田氏）

周辺の温泉や道の駅とヒマワリ畑の迷路を組み合わせて観光客を呼び込むとともに、コーンやヒマワリの種を持ち帰ってもらいパンを作ってもらう。そうした形で農産物を拡販し、地域の経済循環を高めていく。併せて農業への関心を高めていこうというのだ。前田氏は、今後10年はこのような形で生産体制や販路の確立を図り、農業による経済循環の形成に取り組み、その後の55歳からの10年は自社を含め、農業後継者を集め育てていきたいと意気込む。

とかち支部農業経営部会では「農業経営・法人化」「6次産業化・販路開拓」「農業新技術」など

6つのカテゴリーで、例会が随時開かれている。なかでも関心が高いのが「6次産業化・販路開拓」「農業新技術」などの例会だという。

帯広市南西部、川西地区で87ヘクタールの農牧草地に330頭超の乳牛を飼い、自社製の牛乳、ヨーグルト、バター、チーズを販売している十勝加藤牧場の加藤佳恵氏も、「6次産業化・販路開拓」グループの有力メンバーである。

同牧場は現会長の賢一氏が1975年にカナダ研修などの後に入植、酪農をスタートさせた、比較的歴史の新しい牧場だ。それだけに他の牧場にない特徴がいくつもある。飼料を有機肥料で栽培、かつ90％ほどを自給している点もそうだし、北海道はもとより全国的にも珍しいジャージー種の乳牛を87年から導入、今では全頭数の3分の1にまで増やしていることもそうである。

ジャージー種は1頭当たりの牛乳生産量がホルスタイン種に比べ3分の2程度にとどまるため、単価を高くせざるをえない。

しかし栄養価が高くおいしいために、それを評価してくれる乳牛メーカーに出荷するとともに、2006年からはヨーグルトなど加工品も手掛けるようになった。その後、製造設備を借りてチーズやバターの生産にも乗り出した。賢一氏の販路拡大の苦労がしのばれる。

現在、乳牛飼育と搾乳は、長男で社長職を継いだ聖墾氏が、チーズ、バターなどの製造・販売は次女の佳恵氏が担当している。会長の賢一氏はとかち支部農業部会の有力メンバーだったが、現在は佳恵氏がその役割を引き継いでいる。「最初は同友会活動にどんな意味があるのか懐疑的でしたが、例会でいろいろな学びがあり、また商談会や収穫感謝祭などで新たな販路が開かれたりするので、今では欠かせない活動の場になっています」と健康的な笑顔で語る。

今後、チーズ、バターの付加価値をさらに高める努力をする一方、かつて同友会後継者の勉強会「あすなる会」に参加していた、兄の聖墾社長と協力、経営指針づくりに挑戦したいと経営革新にも意欲的だ。

農業は効率よく生産でき、付加価値を確保できれば、地域経済の内発的発展を担う極めてメリットの大きな産業である。それに誘致企業のように、農地はどこか他のところへ逃げていくわけではないし、6次産業化へと進めば、地元の人中心に相当な雇用も生み出す。

十勝のように地域を挙げてというわけではないが、全国の同友会企業の中には、独自の農産品生産により地域の元気に貢献しているところが少なくない。女性活躍の事例で紹介した群馬県の農業生産法人グリンリーフなどもそうだし、これから紹介する農業生産法人、こと京都社長の山田敏之氏も代表的存在だと言ってよい。

山田氏は1962年、京都市伏見区の九条ネギ農家に生まれた。大学を卒業すると大阪のアパレル関連企業に就職、課長にまで昇進したところで、諸般の事情から家業を継ぐ決意をする。その時点での目標は「九条ネギで年商1億円を目指す」という強気のものだった。しかし初年度の売り上げは、父親と必死に働いてわずか400万円、翌年も600万円にとどまった。

言うまでもなく九条ネギは京野菜の代表的な品目である。市場がないはずがない。山田氏はいいものを作ることを大事にしながら、いかに売り上げを上げるか知恵を絞った。行き当たったのがネギの「カット加工」。ロスは少なく、付加価値が上がる。今ではミリ単位のオーダーにも応じるそうだが、問題は売り先だった。目を付けたのがチェーン化の進み始めたラーメン店。一風堂、天下一品など有名チェーンを次々に取引先にし、売り上げは億をはるかに超えていく。

こうなると今度は自家栽培では供給不足になる。そこで外部購入を始めることにし、やがて有機栽培に手を染めるとともに、品質等を均一化するためもあり生産者グループ「ことねぎ会」を結成する。2009年のことだ。山田氏は地元から始めて京都府内のネギ農家をそうした形で組織化、活性化していっているのだ。農家は品質と安定供給のみを考えればいい。販売はこと京都が責任を持つという形で、農家にとって取り組みやすい。

それだけでなく、山田氏は社内に独立支援研修生制度を創設、農業の担い手を育てる一方、彼らが農地を賃借することで府内に耕作放棄地が広がるのを防止する努力も続けている。

こう記してくると順風満帆のように見えるが、多角化で失敗したり、また18年前後は西日本が台風や風水害に直撃され、九条ネギ生産も打撃を受けたりと、いくつもの苦難に直面してきた。しかし19年～20年度は本来の成長軌道に戻り、グループ売上高20億円、こと京都単体で14億円を達成できる見通しだという。ことねぎ会で生産されたネギは、地理的表示保護（G1）制度に対応、商標として登録されており、他社は使用できないブランドとなっている。

山田氏は、このことねぎ会をも含んだこと京都のビジネスモデルを生かし、さらに壮大な実験を始めようとしている。全国のネギ流通を革新、ネギ農家をグループ化して供給と価格の安定を図るために国産ネギ専門商社「こと日本」を100％出資で、14年に設立したのだ。20年をめどに東日本での加工・物流拠点を静岡県内に建設する予定だ。また九条ネギにとどまらず京野菜を、品質を落とすことなく全国、場合によっては海外まで売り込むために、岩谷産業と組んで事業化する方向で話が進んでいる。

山田氏は京都という一地域の枠を超えて、地域や農業の活性化に挑んでいると言えるだろう。ちなみにこと日本の本社は、先の増田陸奥夫氏が理事長を務める日本食糧連携機構の日比谷のオフィスと同居している。

郷里の発展は会社の発展につながる

異彩を放つ「イワシビル」

農産品だけでなく、水産加工品なども含め、第一次産品の加工に積極的に取り組み、同友会の目指す「地域とともに歩む中小企業」を現実化しつつあるのが鹿児島同友会の会員たちである。

鹿児島県北薩地方は、熊本県から九州新幹線で県境を越えた出水市や薩摩川内市などを含む地域である。新幹線が通っているとはいうものの、日本の地方が直面する少子高齢化、人口減、経済活動の不振などはこの地域をも避けて通ってくれず、車で通過する街並みのそこここに南国らしからぬ重苦しい沈滞ムードが漂っている。

そうしたなか、阿久根市の中心市街地、国道3号線沿いに立つ「イワシビル」というシンプルすぎるネーミングの建物が異彩を放っている。もとは生命保険会社の営業拠点だったというから、外観は格別特色があるわけではない。しかし1階のカフェ・ショップに入ると、あか抜けた作りになっており、並べられている商品も「旅する丸干し」だとか「旅する焼きエビ」など、独自のネーミングと瓶やスタンドパックなど、こじゃれた容器のものが多い。いずれの商品も地方発信のブランド育成への意欲が強く感じられる。

このビルは地元の水産加工会社、下園薩男商店が買収、阿久根市商工会議所会頭を務める現会長の下園満氏が、長男で社長の正博氏に計画段階からすべてを任せて、2017年9月にリニューアルオープンさせたものだ。

正博氏は1980年生まれの38歳。福岡の大学で情報処理を学び上京、ウェブディレクターとして2年間働いた後、大学時代から決めていたように地元へ帰って家業を継ぐために築地の水産商社に転職、経験を積んで10年阿久根に帰った。

阿久根周辺の海域は小型のウルメイワシの漁獲で知られ、それを加工した丸干しが特産で、下園薩男商店は地元の最大手である。築地の商社勤務時代、量販店などに派遣されて店頭に立つと、丸干しを購入するのは高齢の人ばかりで、若者は見向きもしない。「焼くのが面倒くさいなど理由はあるのですが、いずれにしろ漫然と丸干しを売っていては、先細りは間違いないと思ったのです」と、正博氏は述懐する。現実に阿久根の丸干し加工業者は最盛期60軒ほどあったものが、現在は13軒にまで減少している。

帰郷してからの正博氏は「若い人が丸干しを知ってくれるきっかけとなるような商品」、つまるところいかにして丸干しを時代に合った商品として売り出すかに取り組み始める。丸干しを拡販するためでもあったが、同時に「地元で獲れる魚を、地元で加工して売るということは、人件費も含めて売り上げのほとんどが地元へ落ちるわけで、付加価値が高い。地域経済を考えるうえで、このことの持つ意味は大きい」と考えたからでもある。内発的産業発展モデルである。

2年間考え抜き、試行錯誤の末に作り上げたのが「旅する丸干し」だった。鹿児島市内のおしゃれな商業施設として知られる「マルヤガーデンズ」に置いてもらえる商品を念頭に、欧米でよく食べられている「オイルサーディン」をベースに、丸干しのオイル漬けを創案したのである。イワシそのものではなく、焼いた丸干しを用いたところが特徴で、試作品は歯ごたえのよさなどからすこぶる好評だった。

その後もネーミングを含め改良を重ね、夢を感じさせる「旅する丸干し」は13年の鹿児島県水産物品評会で最高位の農林水産大臣賞を受賞、翌年には農林水産大臣賞受賞者の中から選ばれて天皇杯を受賞する。現在、各地のおしゃれで特徴ある商品を扱うショップや店で売られていて、人気である。

新商品開発を継続させる力

この下園正博氏にとってさらなる飛躍の機会となったのが、鹿児島市内にあって全国の建設業者向けにクラウドサービスの企画、開発、販売などを展開している現場サポート社長の福留進一氏との出会いである。

13年に鹿児島県が主催する、若手の産業人材育成の勉強会、かごしま産業おこし郷中塾で二人は邂逅したのだが、福留氏の会社が急成長を遂げながら、離職率が27％にも達した時期があると聞かされて下園氏は驚かされた。しかしその危機を、社員の率直な声を聴くとともに、しっかりした経営指針をつくり上げることで乗り切ったと聞き、感じるところがあった。

福留氏は当時、鹿児島県中小企業家同友会の理事を務めており、そうした関係から下園氏も同友会に入会する。まだ「旅する丸干し」が完成形になる前だった。「仮に彼が同友会に入らず、また経営指針の重要性を理解していなかったら、私は『旅する丸干し』のあとの製品開発が続かなかったのではないかと思っています」と福留氏は明言する。「私の経験から言えば、会社が儲かっても、理念なき組織では社員は付いてきませんから」

同友会に入会した下園氏は下園薩男商店の経営指針を策定、当初、3項目からなっていた経営理念だが、現在は「今あるコトに一手間加え、それを誇り楽しみ、人生を豊かにする」に絞り込んでいる。福留氏の現場サポートは年間80回にわたり経営指針に関する社内勉強会を開いているが、下園薩男商店もそれを見習い、経営理念などの浸透を図っているという。

「水産加工業界には若い人が入ってこず、人材確保に苦労している。人材確保のためには経営戦略云々より、まずもって若い人が集まり、働き甲斐を感じられる会社に変えていく必要がある。そのためには経営指針、理念が不可欠です」と下園氏の考えは明確だ。

下園薩男商店では、「旅する丸干し」の開発、そして「イワシビル」のオープンがあって、その斬新さゆえに就職先として地元の高校生や地元出身の大学生に人気で、18年前後で5人を新卒採用している。全員が開発要員で、同時にイワシビル1階のカフェ・ショップを手伝い、2階の加工場でも働く。3階は簡易宿泊所だが、客が訪れるとその世話もする。

しかし、そのことに関して不服を言う社員はいないという。他の仕事への不平不満以上に、商品開発が楽しくて仕方がないのである。そうした若い社員を見ながら、「やりたい仕事さえあれば、若者は地元にとどまってくれるのです」と下園氏は語る。

「Ｋｏｔｓ」という新商品を開発した女性社員は、ある有名女性歌手の大ファンだ。「彼女のファンでキラキラ輝いている女性が将来、子供を生んだときに、わが子に食べさせられるような小魚入りピーナッツというコンセプトでＫｏｔｓは開発しました。パッケージデザインも、自分でその歌手のCDジャケットをデザインしている東京都内の事務所を探し当て、制作を依頼しました」という。また高校でインテリアを学んだ女性社員は、地元で不要になったボンタンの木の端材を使ったカッティングボードを開発した。「(企画のアイデアを求めて）地元の農家を回っている中で、毎年、端材が出るのだが、何か使い道がないかと聞かれて思い立ったというのです」と下園氏。

開発会議では、アイデアが出されると、「それって、一手間入っている?」という言葉が自然と誰からとなく出てくるそうだ。経営理念がそこまで浸透しているということだろう。

下園氏は「旅する丸干し」だけでなく、やはり阿久根特産の焼きエビを生かしたパスタソース「旅する焼きエビ」をその後、シリーズで売り出している。阿久根近辺で獲れた魚を加工し、ブランド化し、まずは国内、そして最終的には海外へと積極的に売り出していきたいと語る。自社はもちろんだが、地域を豊かにし、地域に雇用を生み出すことが常に念頭にある。「阿久根の話になると、時には激して涙さえ浮かべる」と福留氏が感嘆するほど愛郷心の強い下園氏だけに、次は何が飛び出してくるか期待は大きい。

若手が参画する「道の駅」づくり

この下園氏が阿久根の地域おこしで手を携えているのが、はしコーポレーション専務の稲本健二氏だ。若手経営者が手を携えて阿久根の、ひいては鹿児島の元気を取り戻そうということで、下園氏が同友会への参加を呼びかけた仲である。

はしコーポレーションは、創業106年という阿久根有数の老舗。でんぷん製造業で基盤をつくり、現在ではガソリンスタンド経営やプロパンガス販売などのエネルギー事業、住宅リフォーム事業、うどん・そばなどの外食事業、それに貿易事業などを展開。売上高17億円余りの会社にしては事業分野が驚くほど多岐にわたる。

稲本氏の岳父に当たる3代目の杮壽一社長が「きわめて情熱的で事業意欲が旺盛な経営者」だということが多角経営の主因だが、地域経済がシュリンクしていく中で、一つひとつの事業の収益力が減退していく。それをリカバーしつつ、同時に住民サービスに不可欠なビジネスを地域の有力企業として提供する義務があるとの考えもあってのことだと考えられる。もちろん一事業が突出するとリスクが大きいとの認識もある。

稲本氏は1975年、父親の仕事の関係で奄美大島に生まれた。大学を出るとカナダで9年間生活、その後鹿児島で貿易関係の会社に勤めている。2013年にはしコーポレーションに移り、貿易事業を中心に社業を見ているという。「最近、インドで製造されたカニカマを中国に輸出するという三国間貿易をスタートさせました。今後、そのルートに阿久根の水産加工品など特産物を乗せたいと取り組みを始めたところです」

稲本氏の視野の中にも、しっかり阿久根が入っているのだ。その稲本氏が下園氏と協力して推進しようとしているのが、「道の駅阿久根」の運営などを行っている阿久根市観光連盟の株式会社化への参画。すでに阿久根市は方針を発表、3月中には道の駅の指定管理者が決まることになっている。

下園氏は斬新なアイデアを盛り込んだ道の駅づくりを意図して、このビジネスに協力していきたいと考えており、稲本氏はそこに出資する方向で検討中だという。2人の若手経営者は阿久根の元気のために、さらに多くの若手経営者を巻き込むことを含め、様々に動いている。

焼酎事業を観光事業に展開

北薩から少し南に下がったいちき串木野市に、鹿児島の地場産業として最もよく知られる本格焼酎の有力企業がある。1868(明治元)年創業で、昨年創業150年の節目を迎えた濵田酒造だ。

蔵元5代目となる濵田雄一郎社長は、1975年、大学卒業直前の22歳のとき、夏休みで帰省中に社員に請われて、同社に入社している。地域の名士であった父親が「政治で地域に貢献しようと志し、結果、社業が衰退に向かったのです。危機感を抱いた社員幹部たちが、私に帰ってこいと。で、親父と交渉して代表権をくれるなら入社すると条件を付けたんです。親父にとって渡りに船だったかもしれません」と濵田氏は苦笑いする。

こうした経緯をへて、濵田氏は代表取締役専務として濵田酒造の経営の先頭に立つことになる。濵田氏は製造技術を磨き、品質の向上に努める一方、販売面では東京など大市場に向け、積極的な攻勢をかけた。

紆余曲折はあったものの、濵田酒造の販売数量は着実に伸びていった。そうしたなかで総合飲料メーカー、サントリー(現・サントリーホールディングス)との取引が始まった。当時、まだ鹿児島の一中小メーカーにすぎなかった濵田酒造側が申し入れた提携に、サントリーが応じたと言われているが、このことは酒類業界では驚きの念をもって迎えられた。濵田氏はサントリーとの提携に関して、ごく簡潔にこう語る。「うちが製造する本格焼酎『黒丸』をサントリーさんが販売する。フィフティ・フィフティの提携関係です。ただあの大企業サントリーさんと提携したことが、当社の製品の評価を高め、販売面でプラスに働いたことは否定できないですね」

現在、濵田酒造の製造販売数量は、鹿児島県内のメーカー中トップに立っている。自社販売ブランド「海童」も有力商品に育っている。濵田氏の時宜を捉えた積極果敢な政策が功を奏しているのだと言って間違いあるまい。

同時に見逃してならないのは、濵田氏の経営のバックボーンをなしている考えである。一つは中小企業家同友会で学んできたことであり、もう一つは鹿児島出身のカリスマ経営者稲盛和夫氏が主宰する盛和塾での学習である。

この点について、濵田氏は次のように自らの認識を語る。「盛和塾は稲盛氏という個人が中心、同友会は集団で運営してきたという違いはありますが、両者は基本的に同じスタンスだと私は思っているのです。まず中小企業が日本経済、地方経済を支えているという考え方もそうだし、それだからこそ中小企業は土着性を大事にしないといけないという点でも近似しています」

こうした考えを重視する濵田氏だから、入社以来、地元の雇用を大事にし、地元の農家との関係を大事にしてきた。「私が入社したときの従業員数はわずか十数人にすぎなかったが、今はグループ合わせて300人を超えます。私どもの造る本格焼酎の主原料であるサツマイモはすべて県内産。この点でも県内の雇用を守り、経済の発展に寄与しています」と濵田氏は語調を強める。

そのうえで、今後のことをこう語る。「焼酎ブームが去り、少子高齢化、人口減で厳しい市場環境が続いています。そこで薩摩の、ひいては日本の國酒ともいうべき本格焼酎の海外輸出に腰を据えて取り組もうと考えています。また焼酎事業を単なる製造業としてではなく、地域の『コト』事業として、かつての串木野金山の跡を利用して『金と焼酎』をテーマにした観光事業の拠点として展開し、交流人口を増大することで地域に貢献することも実行に移しています」

記者はかつて、この「金山蔵」を訪れたことがあるが、トロッコで坑道に入っていき、その間、貯蔵蔵や仕込み樽などが見られてなかなか楽しかった記憶がある。濵田氏は郷土薩摩に誇りを持ち、今後の新たな展開にも意欲満々である。

CHAPTER 11

いい経営者は
承継対策も万全だ

THE STRONGEST MANAGEMENT OF

息子、娘婿、娘、社員……後継者は誰が最適か

中小企業の休廃業件数が右肩上がり

「廃業する（中小の）会社のおよそ5割が経常黒字という異様な状況だ」。２０１７年10月6日付の日本経済新聞の記事中にある一節である。『中小企業白書２０１８年版』によると、企業の倒産件数は緩やかながら景気拡大もあって、08年の1万５６４６件から17年の８４０５件へとほぼ半減している一方で、09年から14年までの5年間で小規模企業の総数は41万者（社）も減少、また休廃業・解散件数は09年以降、17年の2万８１４２件までほぼ右肩上がりで増加している。

地域の人たちの生活や地域経済を担う中小企業、日本の製造業を支える基盤技術を有する中小メーカーが社会に必要とされていながら消滅していくことは、国家レベルでの大きな問題だと言っていい。「中小企業こそ日本経済の真の担い手であり、国民生活、地域社会、文化を支え豊かな国づくりの柱」（『同友会運動の発展のために』）と位置づける中小企業家同友会にとっても、自らの基盤を崩される危機だ。

それにしても、黒字でありながらなぜ多くの中小企業は休廃業、あるいは解散してしまうのだろうか。少し古いデータだが『中小企業白書2014』によると、小規模事業者のうち4割は「事業を何らかの形で他者に引継ぎたい」と考えており、「自分の代で廃業することもやむを得ない」と考えている経営者でも、およそ3割は事業承継を検討した経験があると答えている。つまり、多くの中小企業経営者は何とか自社を残したいと考えているのだ。

彼らになぜ事業承継がうまくいかなかったかを尋ねると、「将来の事業低迷が予測され、事業承継に消極的」との回答が最も多く、次いで「後継者を探したが、適当な人が見つからなかった」だった。

白書はそうしたことから、廃業の主因が「(経営者が)事業の将来に明るい見通しを持てなかった」ことにあるとしながらも、「事業承継の課題としては後継者不足があげられることが多い」と説明する。実はここ10年間で中小企業経営者の平均年齢が60代後半へと10歳余り高齢化しているという。それやこれや考えると、中小企業にとり後継者問題への対応は急務なのである。

こうした中小企業経営者を囲む極めて難しい状況を打破するために動き出している組織の一つが福岡県中小企業家同友会である。きっかけを作ったのは、「金融アセスメント法」制定運動の中心となった中村高明紀之国屋社長(現・会長)。中村氏は2011年に二度目の福岡同友会代表理事に選出されるのだが、選任に際して2つの問題意識を有していた。中村氏が語る。

「一つは高齢のベテラン経営者の中で、同友会内で知人も少なくなったのでもう辞めるという人が目立って多くなってきた。彼らがいなくなると、経営に関する貴重な体験談を活かすことができなくなり、若い会員や同友会にとり大きな損失になる。これを何とかしたいと考えたのです」

もう一つは、冒頭に記したことと同じで、中小企業の休廃業を何とか食い止めたいということだった。「中小企業がどんどん減っていくと、地域の雇用の受け皿が失われていくと同時に、固有の事業基盤やノウハウが失われ、地域のみならず日本経済の大きな損失につながります」と中村氏は説明する。

娘婿を後継者に決めるプロセス

中村氏はそこで2つの提案を行った。ベテラン会員の退会への対応策では、彼らのみの交流会を設け、論議の末に「すばる委員会」という名称の組織を発足させる。第2点については、すばる委員会の下部組織として「事業承継塾」をつくり、「心ならずも後継者難から廃業することがないよう、早い段階から事業承継について考え、計画を立案し、どう実行していくかを、経験者や専門家の話を聞いて学んでいきましょう」と提案、準備期間を置いて12年7月からそのための講座を開くことにした。

事業承継に関しては、「経営そのもの（こと）の承継」と「自社株式や事業用資産（もの）の承継

（夫妻も含めて）」とがあり、後者を相続税の負担などをできるだけ抑えて合理的に引き継ぐ一方、経営ノウハウや、経営理念、そして組織を混乱なく受け渡す必要がある。中村氏はそれゆえ後者に関しては、「同友会らしさを引き継いだ形での事業承継」を重視していた。

当初、福岡同友会の事業承継塾は2カ月ごとに年4回講座が開かれていたが、現在は新たなニーズに応え6回に拡大されている。18年度のカリキュラムは第1講が「事業承継計画表の作成」に加え、「100年企業の承継と事業変遷」という会員経営者の体験談、第2講が「事業承継のポイント」、以下「社員から経営者への道」「事業承継時のトラブル」「M&Aと事業承継の実例」「事業承継時の保険の活用」という流れになっている。一見してわかるように極めて実務的な内容だが、後継者教育などの点においては同友会の考え方をいかに理解しているかなどが重視されているようである。

福岡同友会事務局で、事業承継塾を担当する篠原惇志氏はこう話す。「毎回の参加者は多いときで60〜70人、平均して30〜40人。1回の講座は3時間で、1時間ほどの講義のあと、30〜40分のグループ討論。残りは討論結果の発表や質疑応答などです。毎回アンケートを取っていますが、出席者の属性は承継させる現経営者が承継する後継者より多く、両者が出席というケースも少なくない。年代は現経営者側が50〜60代。承継する側が40代中心。男女比は圧倒的に男性が多く、女性は毎回2割程度ですね」

福岡同友会の18年11月時点での会員数は2165人。対して受講者の延べ人数は7年間で1300人超、事業承継塾への関心はすこぶる高い。

中村氏が事業承継塾を構想したのは、中村氏自身が後継者選びで大いに心を砕いた経験があったからだ。55歳のときに貸し倒れが発生し、社員の間に会社存続への不安感が広まったのだ。中村氏以下幹部社員一丸となってこの危機は乗り切ったのだが、中村氏は企業にとり何より大事なことは存続することであり、社員が安心して働き続けられることだ、そのためには65歳くらいまでに信頼できる次代の経営者を育成しておくことが必須だと考えるようになった。中村氏の子供は女の子ばかり3人だった。

しばらくしてのこと、当時飲料メーカーに勤めていた長女の大学時代の友人男性が自宅に遊びに来た。結婚の意思と入社の意思とを尋ねると、どちらも「ある」という回答だった。しかし友人男性側の両親に会ってみると、婿入りは「否」だった。この時点では、中村氏にとり後継者はまだ白紙で、その友人男性（後の娘婿）も候補の一人にすぎなかった。適性等をよく見て判断しようとの構えだったようだ。そこで営業の一社員として入社させた。中村氏が56歳のときのことだ。

娘婿の現社長を後継者に指名したのは、入社7年後の03年のこと。この間、中村氏は幹部社員から後継者を2度募集したが、応募する者はいなかった。非同族の社員にとりマイナスの資産まで承継するのは負担感が大きいということだろう。

一方で娘婿にはローテーションでいくつかの仕事を経験させるとともに、同友会など経営者団体にも加入させていた。人脈を広げ勉強してもらうためだ。また入社翌年から、贈与税の限度額の年間110万円相当の自社株を長女と娘婿にそれぞれ贈与してきた。相続税で問題が発生しないようにとの配慮からである。

こうしてみると、中村氏は社員に十分目配りしながらも、中小企業は創業理念の承継や会社存続への強い思いなどから、同族経営が収まりがいいと判断していたのだろう。06年に娘婿の同意もあって養子縁組をし、彼が中村姓に変わると、翌年には娘婿を副社長に引き上げ、08年には社長に就任させている。新社長は40歳だった。特に社内に混乱が起きるようなこともなかった。

中村氏自身は新社長誕生とともに代表権のある会長に就いたが、3年後には代表権を返上する。後継者となった中村大志社長に全幅の信頼を置いて任せたとの意思表示と見てよい。「心配したが、幹部たちも納得してくれています」と中村氏は表情を崩す。前述のように収益も伸び、経営は順調だ。

社長誕生で社員にやる気

中村氏と同様、娘婿に後事を託そうという経営者は少なくない。広島同友会代表理事でタテイシ広美社会長の立石克昭氏もその一人だ。立石氏は高校を出ると、大阪で看板職人の修業をして帰郷、1977年に地元府中市で起業した。24歳のときのことだ。しかし当初は仕事が全くなく、夫人と2人で塗装の仕事で糊口をしのいだ時期さえあったという。そうした苦闘期を乗り越え、小型から大型まで、屋内外の看板製作へと事業を拡大、さらに30年前、たまたまLED電光掲示板を手掛けることになり、技術的蓄積がほとんどないままに手掛けて手痛い失敗もあったが、発注主の理解と支援などで難関を乗り越え、「町の看板屋」からデジタルサイネージ（デジタル技術を用いた看板分野）へ進出。同社は今や、この分野では大手も一目置く存在になっている。

身一つで創業し、売上高10億円（2017年度）にまで会社を育て上げただけに、立石氏はアグレッシブであると同時に、目端も利く経営者である。それは後継者問題においてもいかんなく発揮された。立石氏の長女は当時上海駐在中だったが、一時帰国中に生涯の伴侶を見つけた。彼（現社長）は大手鉄鋼メーカーの福山製鉄所に勤務しており、長女とは友人の紹介で知り合った。府中市と福山市は隣接している。

その後、娘夫婦は転勤に伴い横浜に移り住むが、安定したサラリーマン生活が約束されているだけに、娘は「お父さん、主人を自分の会社の後継ぎにするなどと考えないでね」と釘をさすことを忘れなかった。父親のたくらみを早々と見ぬいていたのかもしれない。

だが、立石氏はそんなことはどこ吹く風、折に触れ娘婿に「中小企業の経営者ほど刺激的で面白いものはない」と繰り返し情報を刷り込み、自社の豊かな将来性を語るとともに、娘夫婦が帰郷した際にはできるだけ社員と交流する場を持った。

その後、中国留学の経験がある娘婿は、中国でのビジネスに携わることを強く希望し大手印刷会社凸版印刷へ転職、希望通り上海勤務となった。赴任した上海では80人程度の現地法人に出向、幹部社員として切り盛りを任された。それがきっかけで徐々に岳父の言う中小企業経営の面白さを実感するようになる。

ちょうどその頃、娘婿が一時帰国することがあった。チャンスと見た立石氏は、社内の会合で突然、娘婿が数年後には入社し、後を継いでくれることになったと報告する。折から都内の有名大学を出て、志願してこの中国山中にある小さな看板会社に就職するためにやってくる学生が出たりしていた。

次いで立った娘婿が、「社長になり、さらにいい会社にしていくために全力を尽くします」と挨拶。娘婿はその場の雰囲気に胸を熱くして後継者になることを決意し、そう発言したのだという。

社内は後継者が確定したことで、将来への安心と希望とでもいうべき空気に満たされた。事実、間もなくローンを組んで自宅を建てるという若手社員が相次いだ。「後継者がはっきりしたことで、社員も自社の将来を確信できたのだと思います」と立石氏は語る。

娘婿、立石良典氏は13年にタテイシ広美社に入社、17年7月に40歳で社長に就任、18年7月には古巣の凸版印刷と共同で世界最高水準の高精細のＬＥＤディスプレーを開発する一方、来るべき

2020年の東京オリンピック・パラリンピックに関連して、開催までの残り日数を表示する「デイカウンター」を大手電機メーカーと共同で都内自治体に納入。また自動運転バス向けのIoTバス停で自治体と実証実験を開始するなど、次世代看板への取り組みにも着手している。平均年齢30代半ばという社員たちは、自分たちとそう変わらない若手社長の就任で、会社の将来性を確信、いやがうえにもやる気が増しているようだ。

娘を後継者に育てるなら

娘を後継者に指名するケースも、最近では少なくない。女性進出は時代の流れであるが、かつての同友会の婦人部のように、ご主人が急死したから補完的に夫人が経営トップに就くという一時しのぎの選択ではないことだけははっきりしている。

同友会関係のよく知られた事例では、居酒屋などにおける焼酎類の割材として知られ、順調に業績を伸ばしている「ホッピー」の製造販売元ホッピービバレッジ（改称前はコクカ飲料）の三代目社長石渡美奈氏などが代表的だ。いまも同友会関係の会合で講演することが珍しくないが、石渡氏の場合は父親の反対を説得して、自ら後継者として名乗りを上げたというから、意欲にはただならぬものがあったと見てていい。

沖縄県の地場老舗建設会社丸元建設の糸数幸恵氏の場合も、意欲的という点では同様だ。先代社長糸数憲一郎・現会長が三女の幸恵氏を後継社長（三代目）に指名したのは、彼女が神奈川県の会社を辞めて帰郷、丸元建設入社とほとんど同時だった。

幸恵氏によると、高校生のときにすでに「社長になる意思があるなら経営の勉強をしなさい」と伝えられており、それならばと、神奈川県内の大学の経営学部に進んだ。その後、ゼミで知り合った県内にある同友会会員の経営する会社に入社し、5年間、生産管理や人事・採用などの業務を経験させてもらったという。

13年に丸元建設に入社すると、1年半は総務・経理、営業、そして建築・土木の現場を経験し、その後取締役社長室長に就任、父親の下での本格的社長教育が始まった。憲一郎氏は幸恵氏によると「きわめて計画的な人」だそうで、彼女を社長にするまでの道筋をきっちり決めていた。社長室長は経営推進会議、受注会議など社内の主要会議に出席し、会社のことがすべて見える。そのうち工事の着手前会議が少し形骸化しているのではと思い、幸恵氏はその改革を考えた。「ともかく受注さえできればいい。工事の運営や質については現場任せになる傾向があったのです」

幸恵氏は常務を経て17年11月に社長に就任するが、それまでの3年間で、ある橋梁工事を受注すると「全社協力して絶対に優良表彰を取ろう」と社内にハッパをかけたという。

公共工事の場合、技術面で先進的で、品質や工期遵守はもちろん、周辺環境への配慮や創意工夫、事故の有無などがチェックされ、優れた工事には優良表彰が出される。結果、この橋梁工事は

17年度の表彰を受けることになった。同時に建築部門でも、別の案件で表彰を受けることになった。この十数年なかったことで、若い幸恵社長の下で丸元建設の評価が上がったことは間違いない。

この間、幸恵氏は地元のビジネスクールに通う一方、沖縄同友会に参加、経営をさらに学ぶ一方、人脈を広げる努力を続けてきた。

ここまで3つの事業承継のケースを見てきたが、多少の紆余曲折はあるものの、事業を渡すほうが50代には事業承継の準備をし、50代後半から60代で後継者にバトンタッチしている。後継者は早い人で30代から40代前半である。とにかく男女を問わず早くからきちんと承継の準備をし、トライアルをさせる時間を与えつつ、経営権を早めに渡す。そうすれば仮に承継後の経営がうまくいかなくても、バックアップ体制を組むことが可能だからである。成功する事業承継のパターンである。そこに同友会のイズムが加われば、事業承継の成功の可能性は一段と高まるということだろう。

後継者が経営体質を変えることも

しかし往々にして中小企業の経営者は、事業承継については極めて重要なことだと認識しながら、あまり準備もせず、ずるずると交代時期を引き延ばし、結局適任者を育てきれずに、時間切れ、休廃業に至るケースが多々ある。そうしたケースが無視できないほどだということは、この章冒頭の数字が示す通りである。

ところが経営者自らが、事業承継に心を用いなくとも、同友会に加わって先輩たちから刺激を受けているうちに、渡される側の二世、あるいは三世が承継の重要性を自覚し、自社の組織、経営体質を自分が考える方向に変革していくケースがままあるようだ。同友会という勉強会型組織の不思議な一面である。

記者がその事実に気が付いたのは、北陸特有の熱さに包まれた2018年8月25日午後、金沢駅前にあるホテルで開かれた富山・石川・福井、北陸三県の青年経営者合同例会における一人の会員の発表をたまたま聞いたからである。発表者は前年に石川同友会青年部会の会長を務めた萩野充弘氏。建築・橋梁関連の塗装では県内一の実績を誇る萩野塗装の常務である。

萩野塗装は充弘氏の祖父が戦後まもなくの1946年、県南部の小松市で創業した。当時はいわゆる「町のペンキ屋」にすぎなかったが、それを県内一の塗装業者にまで拡大させたのが二代目社長、すなわち充弘氏の父親である。剛腕である分、超ワンマンで、経験則を盾にとって幹部はもちろん部下の言うことなどよくよくでないと聞かない。

充弘氏は日本大学を出ると名古屋の塗装会社で修業を積み、5年後に帰郷、萩野塗装に常務として入社する。入って驚いたのが、社内の荒んだ空気だった。充弘氏の講演原稿での表現をそのまま借りよう。まず社長が怒鳴りだす。

「そんな大事なこと、なんでもっと早く言わんのじゃ!!」

「この前、ちゃんと言うたやろ！」

「なに〜？ おまえの…その態度はなんじゃー!!」

社内の荒れた空気を収めるべき社長が、率先して怒鳴りあいを始めたり、加わったりしていた。当然、社員の定着率がいいはずはなかった。この会社を引き継ぎ、社員が働き甲斐を感じられるさらにいい会社にしていけるのだろうかと、充弘氏はいつも不安に襲われたという。

29歳で石川同友会に入会した充弘氏は、支部例会などで聞く他社の人間関係の温かさに、羨ましさを感じざるをえなかった。いい会社にして、社員さんを満足させたい。そうは思うものの、何から始めていいのかわからなかった。事務所に入るには20段ほどの階段を上らないといけないのだが、充弘氏は気分が重く、毎日上るその階段がえらく長く感じられてならなかった。

転機は35歳のとき。石川県で同友会の「経営者フォーラム」が開かれ、大阪同友会の山田製作所山田社長が講演に訪れた。なかで充弘氏の心を捉えたのは、「社員共育力とは、その会社の風土、人を育てる文化である」とし、「そのためには社員とコミュニケーションをとることが欠かせない」ということだった。

コミュニケーションをとるか？ いろいろ悩みつつ試行錯誤を重ねていたある月曜日朝のことだった。社長以下が顔を揃えている折を見計らって、充弘氏は「今から朝礼を始めます」と勇気を奮って声を上げたのである。前もって根回しなどしてなかった。

最初、何のことかといった顔をしていた社長が、「これはみんなにとっていいことや」と評し、ぎくしゃくした数分だったが朝礼が行われ、最後に全員で「今日も一日ガンバロー」と叫んで拍手するという、何ともすがすがしい仕事始めとなった。振り返ると、あの二十数段の階段がめちゃ低く感じられたという。この日を境に、時間はかかったが社長を含めて社内全体がコミュニケーションを形成する方向へと歩み始めたのだった。

当時、社長は同友会における経営理念づくりなど「きれいごとを言ってばかりはおれん」と言って頭から反対するし、社員も経営計画を作成し、長期的視点で会社のことを考えようと言ってもほとんど理解を示さなかったが、毎週の朝礼で言い続けていくうちに、だんだんその下地ができていった。

父親も力任せではない、長期的視野に立った息子の目指す新しい時代の会社づくりが理解できたのであろう、そのうえでもう任せて大丈夫だろうと確信したに違いない。この発表会から数日後、社長の座を充弘氏に譲った。すでに本社は北陸の中心都市金沢に移しており、次に目指すのは北陸断トツの塗装業者の座である。

経営者は早い段階での承継準備が必要

さてここまで身内を後継者にしたケースを見てきたが、同友会企業でも社員に移譲するケースがないでもない。

中村氏の盟友で、中小企業家同友会全国協議会前会長の鋤柄修エステム名誉会長は、共同創業者（パートナー）という立場だったが肉親にトップの座を譲る気は全くなく、営々として育ててきた大卒定期採用社員の中から前社長、次いで現在の塩崎敦子社長をトップに据えた。

エステムは経営ビジョンにおいて「経営能力のある者が経営者になる」と定めてあるから当然といえば当然だが、同族の経営者には非同族にはないその企業、その事業への強い愛着があるし、社内外の支持をまとめる点でも強みがある。もっとも半面、私物化、公私混同といった幾多の問題点もあることは事実である。

いずれにしろエステムでは自社の資産を厚くし、経営者個人が資産を担保に提供しなくてもすむようにすることで、社員経営者が可能になるよう体制を整えたのだという。

実は糸数幸恵氏は結婚に際し「私に良妻賢母を期待しないでください」と夫にはっきり伝えたという。幸恵氏は、仕事にかけるという意思がすべてに勝っているのだ。エステムの塩崎氏も、鋤柄氏によれば、仕事に注ぎ込む熱意は誰にも負けない人だという。同族であろうと、サラリーマン出身であろうと、そうした人であれば社員はついていくに違いない。

それと、もう一つ大事なことは、同友会内での事例はまだ少なく、それだけに会内での研究や検討も進んでいないようだが、今後、外部の企業やファンドに売却するＭ＆Ａや、社員によるＭＢＯ

などが増えていかざるをえないと考えられる。その場合も後継者選びと同様、現経営者側に早い段階からの準備が必要である。

経営者が70歳を過ぎてそろそろ辞めるか、さて後継者を誰にするか、どういう形で譲渡するかと考えるようではあまりにも遅すぎる。こうしてその企業しか有しない基盤技術や、その店しか扱わない商品が、誰も知らないうちに失われていったり、外国企業に買われていくことは、その企業だけでなく日本にとっても大きな損失である。

いずれにしろ、どういう形であっても事業承継に成功した企業のみが生き残っていけるということだ。

CHAPTER 12

成長なしに企業存続はない

THE STRONGEST MANAGEMENT OF

会社の成長は経営者の一大責任

出店契約が10カ月で打ち切りに

会社設立から15期目、インターネット通販からスタートして、2009年6月に実店舗を滋賀県草津市に初出店、いまや全国に39店舗を展開するに至った帽子専門のチェーンが兵庫県神戸市にある。スタート時には数千万円の売り上げにすぎなかったが、18年2月期にはグループ年商で14億2000万円にまで伸びている。PORTSTYLE（ポートスタイル）がその会社だ。

創業社長の水木秀行氏は1980年7月生まれというから、まだ30代。実年齢もそうだが、帽子というファッションアイテムを扱うだけに、風姿がいかにも若々しい。ただし勢いに任せて会社を伸ばしてきたわけではないことは、水木氏の言葉の端々に窺える。例えば商品企画。「お客様のニーズを最も知っている売り場スタッフの声を、毎週のミーティングで情報として集約、そこから新しい商品を生み出していくシステムにしています」

その売り場のスタッフも、正社員、地域限定の地域社員、準社員、それにアルバイトのパートナーと分かれているが、「パートナーでも能力があり希望すれば、正社員になることができる柔軟な人事制度を取り入れています」と言う。

また企業理念として、「もっと楽しいを。もっとｅｎｊｏｙ！に。」を掲げ、「まずアルバイトを含む新入社員には、ウエルカム研修を行い、理念を含めた当社が大切にしている価値観をしっかり伝えるようにしています」。のみならず新入社員、準社員になって間もない社員を対象に「ベーシック研修」を、さらにベーシック研修を終えた幹部向けに「ＭＧ（マネジメントゲーム）研修」を行い、経営知識と理念をみっちり学んでもらう体制にしている。また毎年、経営計画発表会を実施し、経営計画の浸透と全社員のコミュニケーションを増進することにも努めているという。

ここまで読んできておわかりかと思うが、流行の先端を追うファッション企業らしく、企業理念は軽やかな言葉で表現されているが、経営者と社員が手を組んで進む姿勢、社員の自発性を大切にする制度、あるいは社員が経営理念への理解を深める研修システム、経営計画発表会の開催などを見ていると、まさに同友会の経営プログラムを実践していると言っていい。

実は水木氏は２００７年、27歳のときに兵庫同友会に入会している。水木氏はすでに大学時代に友人とネット通販の会社を立ち上げた経歴がある。経営者だった父親の影響もあり、その後独力で起業したいと考え、手探りの中で行きついたのが帽子ショップだった。

「大手ブランドが見当たらず、専門店も少ない。在庫をそれほど持たずにすみ、初期投資が少なくてすみそう」が選択の理由であった。

やはりネット通販でのスタートだったが、次第に軌道に乗り始め、2、3年続けたところで実店舗を出すことを決意した。ネットと両輪で販売していけば、ビジネスとして確実だろうと考えたのだ。

「ネット通販同様、老若男女が覗いてくれるという点で（出店先は）ショッピングモールがいいだろうと考え、積極展開している大手モールに話を持ちかけてみた。望み薄かと思われたが、やがて催事でやってみないかと声がかかったのです」

しかし手ごたえはあったものの、10カ月で出店契約は打ち切られてしまった。

顧客獲得No.1を目指す理由

これでそのモールとの付き合いは終わりかなと思っていたところ、しばらくして滋賀県草津市にあるモールに出ないかと連絡があった。今度は本格出店だった。モール内に帽子専門店がなく珍しがられたことに加え、周囲の店舗に集客力があって客が引っ張られたのか、第一号店はしっかりした数字を上げることができた。そうしたことから同系列のモールに次々と5店舗まで出店することになった。

しかし草津店以外の売り上げは、水木氏にとり必ずしも満足いくものではなかった。あるとき、メガネチェーンを覗いていて、価格帯がいくつかの段階に明確に区切られているのに気付いた。「価格を幾段階かに明確に分ければ、帽子に興味がない人でも店に入ってきたときに、手に取ってくれるかもしれない」

リブランディング（ブランド再生）の一手法である。13年、草津店などを手始めに価格を2500円、3500円、4500円の3段階に分け、なおかつ2個まとめて買うと1000円値引きするなど価格戦略を大胆に変更した。ブランド価値が下がるのではないかとの危惧もあったが、この戦略は成功し、以降、PORTSTYLEは直近の39店舗まで、右肩上がりで店舗が増え続けているのである。

この間、同友会で学んだ水木氏としては悩みがなかったわけではない。いやその悩みは今もくすぶっていると言っていい。一つは、中小企業は基盤をつくりつつ堅実な成長を目指すべきだという思いから、自分自身がなかなか脱しきれないこと。加えて同友会の目指す経営指針を柱にした「強靭な経営体質」を有する「よい会社」づくりに、大きく踏み出せないことだ。

「現実の経営戦略としてうちは大手のチェーンと同じ手法を採っている。というのも少しでも注目されているうちに好立地を確保しないと、ライバル、あるいは資本力のある大手に市場を取られてしまい、競争に負けてしまう。つまりスピード経営に比重を置かざるをえないのです。人材育成などにも力を入れてはいるが、店舗の拡大に追い付かないのが現実です」と水木氏は嘆息する。

こうした水木氏に大きな励ましとなっているのが、やはりネット系ビジネスで成長しているデジアラホールディングス会長で兵庫同友会副代表理事を務める有本哲也氏である。デジアラホールディングスは「エクステリアのネット販売のパイオニア」と評され、庭や塀など家屋の外回り、つまりエクステリアをインターネットを介して全国に向けて販売・施工する「エクスショップ」や外構工事の企画・運営・管理を行う「ガーデンプラス」を傘下に置き、2000年創業ながら、19年3月期には106億円の売り上げを記録している急成長企業である。「企業として拡大志向があり、それが戦略として重要であるならば、何も気にせず前進しろ」というのが、有本氏の水木氏へのアドバイスだった。

その言葉を背に受け、いま水木氏は「売り上げや店舗数ではなく、顧客獲得No.1の企業」を目指して前進を続けている。すでに東日本への展開を急ぐために東京にもオフィスを置き、店舗数も100店舗までは拡大する計画である。また、新たに海外展開も視野に入れているようだ。

黒字になる学び、黒字を知る仲間

中小企業家同友会は、先にも紹介したように、元請け―下請けという取引形態の中で、ある意味で大企業の横暴から弱者としての自分たちを共闘して守る運動体として生まれてきた。

しかし戦後の長い経済発展の中で、仲間から大企業へと成長、転換していく会社が出てきたのは当然の動きである。

とは言え、同友会としては、「成長」すなわち「大企業化」を組織の命題とすることは不可能事であった。

言うまでもなく、大企業に対する抵抗体と規定する組織論理と自己矛盾を起こすからである。特に会員の中核をなしてきた製造業系で、堅実経営を旨としてきた古くからの会員には、成長という言葉に抵抗感が強いようである。

しかしすでに紹介したように同友会会員企業からは、千葉同友会に加わっていた正垣氏が創業したイタリアンレストランチェーンのサイゼリヤや、名古屋同友会（現・愛知同友会）の創設メンバーで代表理事を務め、理論的指導者でもあった遠山昌夫氏が創業した菊水化学工業、あるいは創業者の後藤長司氏が初代石川同友会の代表理事を務め、今や国内に130店舗余り、海外にもタイを中心に同じく130店舗余りを展開する異色のラーメンチェーン、ハチバンなど、株式を公開している会社も少なくない。

「第一回日本でいちばん大切にしたい会社大賞」受賞の岐阜同友会の未来工業や、健康食品の通販で知られる福岡同友会のやずやなどは、上場こそしていないが今やグループ年商が300億円あるいは200億円と、いわゆる中堅企業、あるいは大企業と呼ばれる規模にまで拡大してきている。

ほかにも規模はともかく抜群のブランド力を誇る、「三方六」などの柳月や「白い恋人」を創案した石屋製菓なども創業者や二代目が北海道同友会元会員であるし、「辛子明太子」を生み広めたふくやは川原正孝・現社長が福岡同友会会員である。これらの企業の多くは経営の基本に企業理念を据えているなど、同友会的経営が厳然として存在しているように見えるが、川原氏や菊水化学の遠山氏を除くと表立って同友会活動に参加しているようには見えない。そういう意味では同友会卒業生と言っていいかもしれない。

そうした事例を見ても、同友会の運動方針の中において「成長」という言葉は、シンプルに肯定的な言葉としては出てきづらいようである。「持続可能な成長を」と言ったように、常に条件付きである。もちろん中同協の全国総会の分科会のテーマ「成長」あるいは「成長戦略」が取り上げられることもないようだ。成長という言葉に、まだまだ抵抗感が強いのである。

そうした中、兵庫同友会においてＰＯＲＴＳＴＹＬＥやデジアラホールディングスのような成長志向の強い会社が会員として仲間入りできているのはどうしてだろうか。

背景には、兵庫同友会独特の体質、雰囲気があると言っていい。事実、各地の中小企業家同友会幹部と話していると、「兵庫は独特」という言葉がよく聞かれる。どう独特なのか。何が独特なのか。

例えば兵庫同友会のホームページを覗くと、題字に「クロジノ」とあり、副題には「黒字になる学び、黒字を知る仲間、黒字でいる方法」と記されている。いかにも関西的で、誰もがそこから、企業経営は観念ではなくリアリズムだとの認識を強く感じ取るに違いない。企業である限り潰れてはならない。そのために赤字は許されないのだ。あえて言えば、「黒字でいるためには、またはライバルに負けず、潰れないためには、成長戦略もまた必要」という考えがそこに潜んでいるように思われる。

中小企業家同友会は、経営指針づくりを運動の大きな柱としてきた。この同友会全体の流れと、先の兵庫同友会のホームページの題字とを比べてみると、「兵庫は独特」という言葉が何となく感得できるような気もしないではない。

つまり理念より現実、実践という考え方が優先されているということである。ではどうして、兵庫同友会はそうした思考を強く抱くようになったのだろうか。

契機となったのは1995年1月17日払暁に起きた阪神・淡路大震災であった。兵庫同友会の経営者はこのとき、同友会仲間、同業の仲間、取引先、地域の仲間など多くの仲間を失った。廃業、倒産などなど原因は様々である。なかでも同友会を震撼させたのは、経営指針作成運動を主導してきた兵庫同友会リーダーの会社の倒産だった。

震災後の兵庫同友会を、20年間代表理事として引っ張ってきた日本ジャバラ社長の田中信吾氏は、仮借ない言葉でこう語る。

「同友会には理念を上手に話す人はたくさんいるが、世間や金融機関の評価はそこにはなくて、会社が伸びているかどうか、自己資本が厚いかどうか、震災のような大災害が起きても生き残っていけるかどうかですよ。阪神・淡路大震災後の兵庫の会員はそのことに直面した。そこを経験したことが、兵庫同友会が独特な点、他の同友会と違うところかもしらんな」

別の経営者が、声を潜めてこういう話をしてくれた。「赤字会社の経営者にしてみると、会社に行けば社員幹部、外に行けば銀行、取引先から絶えず責め立てられる。針の筵《むしろ》。しかし、同友会へ行けばそういうことはない。幹部であれば尊敬され、話しなれた経営指針づくり、労使関係のことをとうとうと語れば、自尊心は高まり気持ちいいですからね」

痛烈な皮肉であるとともに、兵庫同友会がなぜ「黒字」を強調するのかその一面がよくわかる。愛知同友会など、規約で債務超過の企業の経営者は代表理事になれないと決めている。反対の声はずいぶんあったそうだが、鋤柄氏らが押しきったという。「いい会社」「いい経営」を標榜し、リーダーとして声高にそれを主張している代表理事が債務超過の企業経営者というのでは話にならない。倒産という事態になれば、同友会そのものの信用問題となる。

田中氏の日本ジャバラも、実はきわどい状況を生き抜いて現在の業界トップの座がある。震災時、神戸市西郊に立地する三木工場には大きな被害はなかったが、市内の本社は半壊、機能不全に陥った。

ジャバラは鉄鋼製品から、船舶、さらには工作機械や自動車など様々な機器に用いられる、目にはつきづらいが重要な部品である。伸び縮みする製品特性が、そうした機能を必要とする機器類の保護や防塵、作業者の安全確保に役立つからである。

日本ジャバラは工業用ジャバラの総合メーカーで、得意先はほとんどが首都圏や愛知の大企業。ライバルもまた首都圏、大阪などにあり、震災時、取引先の多くが無傷だった。

生き馬の目を抜く競争はこの業界でも同じで、田中氏は震災直後、「風評により、得意先が奪われる」ことをまず危惧した。即日、出勤してきた社員を指揮、本社設備・備品をほとんど被害のなかった三木工場に移す一方、全力を挙げて得意先に「工場は無傷なので、製品の搬入に遅れは出ない」と連絡し続けたという。

こうして震災による危機は乗り切ることができたが、経営者として父親が創業したこの会社を今後とも継続していけるかどうかが、田中氏の脳裏に固着して離れない。父親が考案したわが国初の鉄製ジャバラを主力に、これまでは有力メーカーと安定的に取引が継続できたが、「(これからは時代が求める) 新商品開発なしに、会社の発展はありえない。社員の幸福も保証しえない」と考えるようになったからだ。

実はこれに先立ち氏は、バブル崩壊後、今後は海外展開が必須だと考え、世界各地の展示会を回ったことがあった。このとき、ヨーロッパの展示会であるイタリアメーカーがプラスチック製ジャバラの試作品を展示しているのを見て、田中氏は興味を持ち、以降、連絡を取るようにしていた。震災の影響はまだ残っていたが、新製品を模索する田中氏に軽量化可能なプラスチック製ジャバラに未来があるのではないかとの考えが強く湧き上がってきた。

経営指針書は宣戦布告書

折からの震災特例で、兵庫県と神戸市から合わせて5000万円の融資が受けられることがわかった。早速イタリアのメーカーに共同開発の合意を取り付けると、5000万円をすべて新商品開発プロジェクトにつぎ込んだ。「いや、いま思うと冷や汗ものですよ」と、田中氏は強引かつ独断的な行いだったと苦笑する。

しかし1年かけて開発したプラスチック製ジャバラ、製造装置はライバル社の追随を許さない商品として、高速・軽量化が至上命題になっている工作機械メーカーなどから高く評価され、日本ジャバラの主力商品の一つに育ってきている。その後、自己資本比率向上にも努め、これがリーマンショック時に助けとなった。

「経営者は誰もがいい会社をつくろうと取り組んでいるが、私は中小企業の場合、それができるのは99・9%経営者の力だと思っています」と田中氏は断言する。

確かに震災直後、5000万円の融資が下りることがわかったとき、全額開発投資に回すと田中氏が自らの決断を公表したならば、幹部や社員から袋叩きに遭ったに違いない。「リスクが大きすぎる」「俺たちの生活はどうなる」等々。

当然、その声に押されて開発を断念していたならば日本ジャバラの前途はどうなったかわからない。自己資本比率向上にしても、そうした資金があるなら社員に回せとの声が起きたことは想像に難くない。

「私は、同友会が作成を指導する経営指針書は（経営者と）社員との合意の書ではなく、社員への宣戦布告の書だと認識しています。経営者は社員他から大きな反発があっても、やり遂げるべきことは最後までやり遂げることが大事。それがあってこそ、社員の日々の生活、将来の安定が保証できる。ある会合で、会社が赤字になってボーナスが払えなかった、しかし社員とともに指針書をつくってきたので、誰からも文句は出なかったと自慢気に話す経営者を見たことがある。そのとき、私はそれでもおまえは経営者なのか、経営者としての責任を果たしたのかと、無性に腹が立ったことを覚えています」

田中氏のことを異端視する同友会員も他県などにはいるやに聞くが、第三者の記者から見るとごく当然のことを言っているだけに思えるのだが、どうだろうか。指針書を一緒に作ってきたので、ボーナスを払わないですんだでは、やはり本末転倒である。

兵庫同友会においてこの田中氏の盟友ともいうべき存在が、森合精機社長の森合政輝氏である。いかにも叩き上げ経営者然とした厳しい風貌の森合氏は、父母が創業したわずか10人ほどの鉄工所を、父親が早くに亡くなったために定時制高校に通いながら継承し、小さな下請けから、いまでは自社ブランドの工業用洗浄機や油圧機器を製造・販売する中堅企業にまで成長させ、ここ数年、京都大、大阪大、神戸大など関西の有名大学からも新入社員を次々と採用している辣腕経営者である。業績も右肩上がりで、直近2019年1月期の売上高は82億円に達する。

森合氏は、経営者が間違えてはならないのは「目的と目標」だと言う。「経営者にとり大事なのは目的。経営理念です。しかしある人は理念を重視するあまり、経営の数字、つまり目標を軽視する。またある人は目標、つまり数字のことばかり言い立てる。これでは社員が付いていかない。私が社内で常に言っていることは、数字が目的ではない。あくまでも会社を成長させ、地域や社会に貢献し、あなたたちの生活を守ることが目的だ。しかし、だからと言って、数字目標を達成しないことには、目指すべき目的を達成できないことははっきりしている。その点をよく考えてほしい」

理念は大事。しかし数字を軽視するな。兵庫同友会のリアリズムが、よく理解できるだろう。

「頭をぶん殴られるような」厳しい指摘

「二代目だが、先代の番頭さんを心服させ、企業体質を変えただけでなく、業績も大きく伸長させている」

現・徳島同友会代表理事山城真一氏が、後継者として大きな期待を寄せているのが次期代表理事に決まっている、シケン社長の島隆寛氏だ。この島氏も堅実経営志向の強い同友会会員のなかにあっては、成長重視型の若手経営者と目される一人だ。がっちりした体形、メリハリの利いた明晰な話し方がなおそうした印象を与える。

島氏は27歳のとき銀行員を辞め、父親が創業した歯科技工物の製造・販売や歯科材料の販売を主業とするシケンに入社、その1年9カ月後の2003年に、「社長の寿命30年」を持論とする父親の文男氏から社長の座を引き継いだ。

歯科技工士というと歯科医師から注文を受けて、技工物を一人でコツコツと作り上げるイメージが強いが、島氏の両親は技工士の仕事を企業化することに思い至り、1975年に徳島県南部の小松島市において小松島歯研の名で創業した。

まず営業と技工の仕事を分離、ついで技工物製造の作業工程を分業、効率化して、技工の世界の企業化を推進していった。

その後、営業所網を小松島だけでなく、高松、岡山、松山、大阪、神戸、さらには東京近辺へと広げていった。技工所も同様に、徳島県鴨島町に建設したのち、営業網拡大にともない大阪や首都圏にも新設している。

そうした拡大過程が続いているなかで社業を継いだ島氏は、間もなく自社の弱点に気が付いた。「(営業方針が)早い安いにフォーカスしており、品質が二の次になっている」ということだった。

拡大路線をとる企業によく見られるケースである。これでは最終ユーザーの患者からクレームが相次ぎ、直接の顧客である歯科医師からも見放されることになる。それにこうしたプライドのない仕事をやっていると、社員も誇りを持てず会社を見捨ててしまう。

島氏は紹介があって徳島同友会に入会し、まず社員に会社に対して誇りを持ってもらいたい、そのためには経営指針をつくることだと認識し、指針書をつくる会に参加する。社長に就任した翌2004年のことだった。

今日、「経営は同友会で学んだ」と何はばかることなく明言するだけあり、シケンでは経営指針書については担当部署を経営企画室内に置き、毎年論議を重ねて修正を加えているほか、年4回全社員参加の経営理念研修を行ってもいる。その点では同友会経営の優等生と言っていいほどだ。

とはいえ、まっすぐにそこへ至ったわけではない。経営指針をつくりあげる過程で、ともに学んでいる経営者たちから「会社は誰のものなのか」「真の顧客は誰なのか」「何のために経営指針をつくるのか」などなど、「頭をぶん殴られるような」厳しい指摘が相次ぎ、それらを真剣に考え込む中で、「顧客満足を追求し、人々の健康に貢献するとともに、社員が誇りを持てる会社にする」という同社の経営理念がつくられ、同時に自社の弱点を克服する道が見つかっていったという。

「ともかく最初は、社員と一緒に経営指針をつくるという意識がなかった」と島氏は苦笑いする。ということは、社員はパートナーという意識もなかったということだ。

しかし、経営指針書の作成、社員との論議を通じて、顧客方針「お客様とのコミュニケーションを大切にし、共に成長できるパートナーを目指します」などが明文化されたことで、島氏自身も変わり、社員の仕事への誇り、会社への愛着心も強まり、社業はさらに伸びていく。離職率も、営業部門などは一時20％を超えていたが、いまでは５％前後にまで低下しているという。

島氏はこの間、成長市場である埼玉、神奈川など東京近郊や、大阪周辺に次々と営業拠点を新設、あるいは拡張していった。技工所も同様である。

すでに売り上げの半分は首都圏であり、技工物の８割は小松島本社など四国で行っている。首都圏などで歯科技工士の募集が難しくなっているからで、２０１９年には熊本に技工所を開設する予定だという。物流は宅配便などを活用している。

その一方で、１９９８年に買収した人工歯の製造を手がける会社クエスト（愛知県）の本社・研究所を、２０１９年６月には小松島市のシケン本社の隣接地に移転させるなど、果断な経営を展開している。徳島大学と早くから連携しているので人材を確保しやすいことと、同友会の理念である地域との関係を大事にする考えを実践するためである。

島氏はこう宣言する。「現在67億８０００万円の売り上げを、10年ビジョンでは１００億円にすることを目指している」

徳島同友会の仲間の一人は「島さんは常にチャレンジャー。同友会の代表理事として地域貢献などに思い切った発想で何か施策を打ち出してくれるでしょうし、自社の経営についても同様。大いに期待しています」と語る。

同友会の「成長」という言葉への認識は、時代の変化と新しい経営者の登場により明らかに変わりつつある。

CHAPTER 13

脱下請けのノウハウ教えます

THE STRONGEST MANAGEMENT OF IE

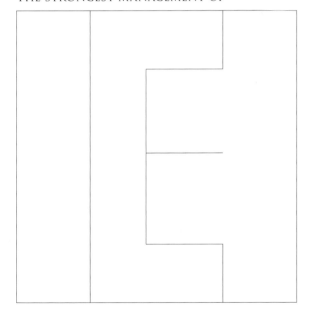

「脱下請け」「脱一社依存」で会社は伸びる

下請けいじめは今も存在する

20を超える都道府県の、70人を超える中小企業家同友会の会員に話を聞く機会を得たが、どこにおいてもよく耳にしたことの一つが大企業、大手取引先との軋轢《あつれき》であった。取引の過半を占める地位の優位性を笠に着て、理不尽ともいうべき無理難題を吹きかけられることが多々あるというのだ。ことにすそ野の広い組み立て型の機械・電機・輸送機系産業に多い。

「複数年契約するが、加工賃＋材料費を毎年10％ずつ下げてもらいたい」というのはまだまともなほうで、「今月分までは従来通りだが、来月以降は発注量半分、単価は3割カット」などと突然通告され、渋ると「それが嫌なら、契約はこれで打ち切りに」といったケースも珍しくないと聞いた。要するに「経済の二重構造は解消した」などという一部の楽観的認識は首肯できるものではないし、同友会会員はもちろん、中小企業者の間では「脱下請け・脱一社依存」は依然大きな経営上のテーマであることは間違いない。

古典的な下請けいじめともいうべき事態に直面したのを契機に、慎重に脱下請けへと舵を切り、最終商品メーカーへの道を着々と歩んでいる同友会会員企業がある。前回、紹介した兵庫同友会の森合精機がその一つだ。同社は戦後間もない1947年に、現社長の森合政輝氏の父親が神戸市内で創業した鉄工所が前身。ところが56年、13歳のときに父親が急逝、一時的に母親が経営にあたるが、その後64年に法人化したのを機に森合氏が社長に就任している。

このことはすでに紹介した通りである。とはいえ、森合氏がよく「私は鍛冶屋の親父」と謙遜して語るように、当時は年商5000万円、社員10人ほどのごく小さな町工場にすぎなかった。経営自体も手探りで、その後、一念発起した森合氏が同友会や当時の有名な経営コンサルタント一倉定氏の塾で学んで身に付けていったのである。

その森合氏は同友会仲間の経営者に対して、「下請けというのは、そんな甘いものじゃないですよ」という言葉を吐くことがたびたびある。その言葉は結構とげとげしい。逆に言えば、森合氏はある時期まで、下請けのつらさ、みじめさ、大企業の理不尽さを身に染みて感じていたことを示している。兵庫県には神戸製鋼、川崎重工、三菱重工など大メーカーの主力工場が立地し、下請け企業が広いすそ野を形成している。

森合精機もそのすそ野に連なる一社だったが、森合氏は単純な部品生産では収益が上がらず、従業員に満足な給与も払えないと考え、設備を次第に買い整え、当初のバルブ単品生産からエアバルブの完成品にまで手を広げていく。

下請けからの脱却を図る際、このように経営戦略として割合、無理のないモジュール生産へと進むものだが、しかし森合精機の場合、第一次オイルショック後、親会社とも思い、信頼していた主力取引先から、「おたくとの取引のウエートが大きすぎるから減らす」と突然告げられた。それだけでなく、たまたま不良品が出たこともあって、モジュールから撤退して「元の部品製造に戻れ」とまで命じられる。

このときの危機は新規取引先の開拓などでどうにか乗り切るが、85年以降急激に進んだ円高で、再び森合氏は親会社から煮え湯を飲まされる。「お宅から入れているバルブだけれど、台湾の会社が同じレベルのものを40%安く納められると言ってきている。どうする」と言われたというのだ。

そこで急遽その台湾企業の工場長に面会を求めたところ、現れたのがなんと2年前に親会社から紹介されて、森合精機で学んだ研修生だった。飼い犬に手をかまれたようなものだが、「それが大手のやり口ですよ」と森合氏は言い切る。

部品メーカーから完成品メーカーへ

これを機に、氏は本腰を据えて完成品メーカーに向けて舵を切る。実は森合精機ではすでに油圧機器の自社製造に乗り出しており、その製造ライン用に水洗浄機を自社で開発・製造していた。他社製が性能的に満足できなかったからだ。

そんな折、産業用機器等の洗浄に主として使われていたフロンガスがオゾン層を破壊するというので、96年までに国内はもちろん、先進国でも全廃されることになった。もっともこれを機にすぐに森合精機の水洗浄機が売れだしたわけではない。「われわれはもともと下請け。ブランド力があるわけではないし、そもそも販売のノウハウがない」

それでも森合氏はトヨタ系各社などに自ら先頭に立って売り込みをかけたが、ほとんど相手にもされなかった。一時は赤字に転落したこともあった。

風向きが変わったのは、「自動車の構造に大きな変化があった」ことだ。マニュアル仕様がオートマチック仕様に変わり、エンジンとモーター併用のハイブリッドシステムが導入され、また車体の電子化、精密化も進み、部品の徹底した洗浄が必要になったのだ。それにつれて森合精機の水洗浄機も売れ行きを伸ばし始め、今では市場の20％超を押さえるトップメーカーである。

先にも記したように、森合精機の2019年1月期の売上高は82億円に達しているが、うち6割は自社ブランド製品が占めている。

M&Aなどにより事業の多角化も積極的に進め、このうち13年に事業譲渡により引き受けたときは8億円ほどにすぎなかった精機事業部などは、19年1月期で24億円まで売り上げを伸ばしている。だが、事業部長は「現在2割余りの自社製品のウエートをもっと上げろと尻を叩かれています」と、森合氏の自社ブランド化に懸けるあくなき意気込みを証言する。

中小企業論の第一人者として知られた中村秀一郎多摩大学名誉学長（故人）は、その著書『21世紀型中小企業』において、かつて中堅企業という概念を提起したが、「中小企業の成長は不可能ないしは例外である」との「通念」の壁に阻まれて、長らく学会ではこの考えは異端視され続けたと記している。

しかし中村氏が指摘するように、中小企業から中堅企業を経て大企業へと成長するのはなにもイノベーションのシーズを有するベンチャー企業に限らない。中小企業としてスタートしても、優れた経営者、優れた技術、優れた商品、優れた販売手法などを手にすれば、ベンチャー企業とスピード面では違っても、成長は可能だ。

製造業においてだが、中小企業が中堅企業へ、そして大企業へと転進していく場合、大きく分けて2つのケースがある。一つは単品の部品メーカーから周辺部品と連結し、独創的なモジュール部品メーカーとして市場のリーダーシップを握ることだ。

当然、そうなると対大企業でも価格決定権を持つことができる。もう一つはその延長で完成品メーカーを目指す道。あるいは部品生産の製造機器を内製化し、そこから独自製品を生み出し完成品メーカーへと進む道もある。前述の森合精機はこの2つの道を複合化して現在に至っていると見ていい。自社の経営資源を生かし隣接分野へ出る、という多角化の原則に合致している。

天皇陛下が視察した町工場の試み

この経営手法に近似していながら、さらにひと味変わったアプローチで脱下請け、経営者自身の言葉で言えば「脱下請け体質」化を図っているのが、2018年に当時の天皇陛下（現・上皇）が視察に訪れたことでも話題を呼んだ、東京・墨田区に本社・工場を置く浜野製作所だ。記者はこのユニークな会社に初めて訪れてから、すでに10年以上が経過する。

同社は1968年、現社長の浜野慶一氏の父親が金属金型工場として創業した。東海大学を卒業、すでに就職先も決まっていた浜野氏だが、父親の勧めもあり板橋区の板金工場に修業を兼ねて勤めることにした。だが9年目に父親が急死、93年に修業を切り上げ、工場を継ぐことになる。ところが2000年、運悪く近隣の火災のもらい火で工場が全焼。この時点での浜野製作所は金型製造に加え、金型を用いたプレス加工による量産部品製造も行っていたが、格別、特徴のある町工場というわけではなかった。

工場が全焼すると、浜野氏は何はともあれ焼け跡から金型を掘り出すと、すぐ近所に工場、設備を借りて、不眠不休で注文をこなし納品した。

「浜野はきちんと約束を守る」と会社の信用は高まったが、新たな注文がもらえたわけではなかった。「飛び込みで、あちこちに注文を取りに走り回ったが、反応は全くといっていいほどなかった。で、知り合いに頼って紹介してもらうことにした」

紹介だから相手はとりあえず会ってくれたが、やはり注文は出てこない。何度も尋ねると、そのうち居留守を使われるまでになった。そこで今度は夜討ち朝駆けの手に出た。やがて根負けした相手が、「1回限りの試作品。納期は2週間だがやるか」と言ってきた。喜んでまでやる仕事ではなかったが、とにかく突破口を開くことが大事だということで、二つ返事で引き受けた。のみならず、2週間のところを1週間で仕上げて納品した。そうしたことを何度か繰り返しているうちに信頼を勝ち得、事務所に入れてもらえるようになり、次にはコーヒーも出してくれるようにもなった。そして量産品の注文も出してくれるようになった。

しかしそれだけだったら、浜野製作所はよくある商売熱心な下町の下請け部品工場にとどまっていただろう。浜野氏は東京という大企業の研究所、大学などが集中する特殊な市場で自社の特徴を出せないかと考え、「短納期・試作品」生産のいっそうの高度化を目指す。

そのために生産設備の高度化、生産システムの整備、社員の技術力向上に努めた。短納期を徹底するために、電話を取る事務の女性にも技術の基礎知識を覚えさせたほどだ。現場の社員の技術力を上げるために、資格取得を勧めたのはもとよりである。やがてものづくりの盛んな墨田区でも、浜野製作所の技術力が一目置かれるようになっていった。

そんな折、早稲田大学と墨田区、区内の中小企業による産官学連携事業がスタート、09年、電気自動車「HOKUSAI」プロジェクトが生まれる。浜野製作所はその中心メンバーとして参加。その後、東大阪での小型人工衛星「まいど1号」開発に刺激され、産官学連携で海洋研究開発機構の後押しを得て近隣の中小企業者と深海探査艇「江戸っ子1号」の開発に取り組み、8000メートル近い深海探査を成功させる。浜野製作所は探査船では位置情報のGPSと探査船本体の開発を主として担当した。

もっとも浜野氏によると、この2つのプロジェクトに参加したことで、浜野製作所と墨田区近隣の基盤技術を持つ工場との連携意識が高まるとともに、社員の技術向上意欲はさらに向上し、浜野製作所の技術、特に溶接技術の確かさへの評価も高まったが、そのことがすぐに新しいビジネスにつながったわけではないという。そんな折、一人の若者が浜野氏のところへ訪ねてきた。

「ロボットを開発したい。概念図もソフトウエアもあるが、要素部品が作れない。手伝ってほしい」というのだ。それがこのところ、分身コミュニケーションロボットとして話題の「OriHime（オリヒメ）」を開発したオリィ研究所の吉藤健太朗氏。当時まだ早稲田大学の学生だった。

「OriHimeの開発を手伝ったことが、一つの転機となった。浜野製作所へ行けば、自分たちのアイデアを製品化してくれるかもしれないと、多くのベンチャーの人たちが考え、次々とやってくるようになったのです。しかし、そのすべてにとてもじゃないが対応できないので、ベンチャーキャピタルと連携してビジネスプランコンテストを開き、入賞したプランを応援することにしたのです」

一方で、墨田区が建設、浜野製作所が運営する「ガレージスミダ」というものづくり支援施設を同社の敷地内に設置する。入居者1号となったのが、上記ビジネスプランコンテスト1位入賞者で、台風でも発電できる風力発電機を開発中のチャレナジーである。チャレナジーの創業者、清水敦史氏は東京大学を出て、関西の有力電子部品メーカーに勤めたが、ここでは自分がやりたいことを実現できないと独立、起業したのである。チャレナジーを含め、これまで浜野製作所が支援するベンチャーは100社を超えている。

「各ベンチャーの開発支援、機器生産については、応分の経費をいただいている。また従来、取引のなかった大手企業からも、こういうものが作れないかという注文がかなり増えている。結果、ここ6~7年は売り上げが年率20%を超えて伸びています。一部自社製品も出し始めており、それを含めて部品加工以外の売り上げが増えてきており、残り60%の部品加工も、価格についての主導権はほぼ当社が握るようになってきています」

さらに浜野氏はこう付け加えた。「下請けは誇りある仕事だと私は考えており、問題は自社の技術や技能に自信を持つことなく、発注先の言うがままという体質に安住していることだと考えています」

下町の町工場主の自負であろう。

たまごのソムリエが挑む提案営業

中小企業が大企業にいじめられる主因は、売り上げの過半を一社に依存しており、バイイング・パワーで圧倒されるからである。それは製造業に限らず、流通業においても同じである。

徳島市に本社を置く小林ゴールドエッグは、養鶏業者から卵を仕入れてスーパーや飲食店に販売する「グレードパッキングセンター」と呼ばれる業者の一つだ。イセ食品に代表される大手鶏卵業者が次第に市場を席巻しつつある中、同社は2018年度で売上高3億4000万円ながら、独自の経営戦略で着実に業績を伸ばしている異色の会社でもある。

名古屋大学を卒業、大手食品メーカーの研究員としてヒット商品を開発した経験を持つ社長の小林真作氏が、04年に父親の逝去にともない帰郷したことが、実は同社の大きな転機になっている。研究者らしく徹底的に卵のデータをとったところ、鶏の種類、月齢、餌などによって、卵の特性が全く違うことがわかった。黄身の濃淡、味わい、白身と黄身の比率などなど。「仮にケーキ作りに味わいの濃い卵を使うとクリームなどの味わいが消されてしまい、逆にすき焼きなどは、卵の濃厚さが肉と混ざり合ってさらにおいしく感じられます」

ということで、これまでは単純に大中小の大きさだけでパックし販売していたものを、卵の特性に合わせて、洋菓子店、レストラン、和食の店と出荷先を分け、商品説明しながら「提案営業で売ることにしたのです」という。もっとも社員の間では、感覚的にこの卵はあそこの店向きということがあって、そうした売り方をしていた。小林氏は、それを「見える化」したと言えなくもない。

小林ゴールドエッグは「おいしさと健康の提供業」と自社を位置づけ、なおかつ顧客に向けては「繁盛提供業」と謳っている。商品に合った卵を提供することで、その店の味づくりを応援しているという意味であろう。

事業を承継した後、一時売り上げは伸び悩み、通信販売などに乗り出すが必ずしも成功しなかった。しかし、ここ数年盛り返しつつあり、粗利は最盛期に並びつつあるという。都内や名古屋の有名親子丼店をはじめ、顧客は九州から秋田まで1600軒にまで広がっている。

最近、ピーク時には売り上げの四十数%を占めていた県内のスーパーが廃業した。

「直近では6%まで下がっていましたが、従来のような数字だったらと思うとぞっとします」と小林氏は首をすくめて見せる。

はからずも一社依存から脱却し得たことによる、余裕と言えるかもしれない。

森合精機にしても、浜野製作所にしても下請けの厳しい環境をバネに「脱下請け」に挑み、それなりに成果を上げてきた。最後に一社、やはり下請けから脱却、自社ブランドを確立、有名企業に転換した事例を紹介しよう。未来工業などと同様、「日本でいちばん大切にしたい会社」に選ばれて、評価の高い徳武産業がその会社である。

徳武産業のことは、この後の章で詳細は記すので、ここでは同社の概況と大きく路線転換するに至った経緯のみ記しておこう。徳武産業は香川県に本社を多く、資本金1000万円、最近期の売上高が25億円超、従業員68人という中規模企業だが、「あゆみ」シリーズに始まる高齢者、障害者向けケアシューズ市場のパイオニアとして、現在、販売数量では国内シェア55％を握るトップ企業である。

障害者の直面する現実を斟酌し、左右サイズ違いのものをセットで売るだけでなく、片方だけでも売るという一見常識破りの販売手法も取り入れ、単に売上高シェアが高いだけでなく、常にユーザーと人間的なコミュニケーションをとることで、ブランドロイヤルティの極めて高い企業としても知られている。

そうした経営用語を用いるよりも、「徳武のシューズなしでは日々の生活が不便で仕方がない」というお客さんが全国にたくさんいて、他社の商品には見向きもしないと言ったほうがわかりやすいだろう。その結果が、最近の「日本で一番大切にしたい会社大賞審査員会特別賞」や「グッドカンパニー大賞特別賞」などの相次ぐ受賞だ。

名声に包まれた現在の徳武産業をつくり上げたのが、会長の十河孝男氏である。香川県東部の地場産業である手袋製造業からスタート、スリッパなどを作っていた徳武重利夫妻の長女と結婚した十河氏は、銀行員から、親せきの手袋製造会社に転じ、韓国の工場へ。その後、帰国して4年たったところで義父の死去により、徳武産業の社長となる。1984年、37歳のときだった。

当時、売り上げの95％は大手メーカーへ納める学童用シューズだったが、メーカーから海外への工場移転で4年後には発注ゼロになると通告された。親会社から与えられた4年の時間的余裕を生かし、夫人が中心になって必死にルームシューズ、さらにトラベルポーチの開発を進め、このうちルームシューズは大手通信販売会社の人気商品となり、国内シェアトップを獲得するまでに至る。

しかし今度は、通販会社の担当者が次々と代わったりしたことで意思疎通がうまくいかず、売り上げが大きく落ち込む。下請けやOEM生産の限界を知り、新商品、それも自社ブランド商品を模索していた十河氏が運命的に出合ったのが、ケアシューズだったのだ。

ピンチはチャンスというが、脱下請けはそうした危機を、同友会理念をベースにいかに生かすかにかかっているとも言える。

CHAPTER 14

100年企業から200年企業へ

THE STRONGEST MANAGEMENT OF

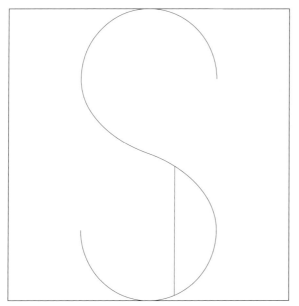

「会社の寿命は30年」という説は本当か?

成長、成熟、衰退のライフサイクル

日本は100年以上の業歴を有する老舗企業が3万3000社を超え、世界に類を見ない「企業長寿大国」である。老舗企業を継続的に調査している信用調査会社帝国データバンクの、2019年の資料にある言葉だ。一方で、「会社の寿命は30年」という言葉もよく経営者の口にのぼる。これは1984年に日本経済新聞社から出版された単行本『会社の寿命』に記された数字で、同書によれば、1896(明治29)年以降の約90年間にわたる大企業上位100社の栄枯盛衰を、いくつかの数字で分析、算出したもので、「企業が成長段階から、成熟、そして衰退期に入るライフサイクル」として、会社の寿命30年は妥当かつ合理的な数字だと強調している。

現実に、同じく信用調査会社大手の東京商工リサーチの「2018年〈業歴30年以上の『老舗企業倒産〉調査」を見ると「18年の倒産企業の平均寿命は23・9年」とある。会社の寿命は30年よりはるかに短いのだ。市場の変化、技術の革新、国際的な競争力の盛衰など、経営環境の変化を乗

り越え、100年以上生き残るのは、相当に困難があることは間違いない。

中小企業家同友会の会員にも100年企業は少なくないとされるが、それらの企業はいかにして現在まで生き延び、激動の今日に立ち向かっているのだろうか。そして同友会活動の輪が、100年企業が200年企業に、200年企業が300年企業にと、時代ニーズに果敢に向き合い生き残っていくために有効に機能しているのか、以下検証していきたい。

三重県津市一身田は、国宝御影堂などが威容を誇る真宗高田派本山専修寺の所在地として知られる。この専修寺を囲む寺内町で創業し、今も一身田の地で醤油、調味液たれ類を製造するのが下津醤油である。

下津家がこの地で醤油製造業をスタートさせたのは、幕末の1856(安政3)年。以来、160年余の歴史をこの地で刻む。ただし前史があり、高田派中興の祖・真慧上人が教線の拡大を目指して下野(現在の栃木県)からこの地に専修寺を移したときに先祖も随行、当初は袈裟や法衣を商い、その後薬製造業に転じたのだそうである。

いずれにしろ専修寺の一身田移転が応仁の乱の2年前の1465(寛正6)年であり、下津家は当寺領の確保のために四十数年早く来津しており、この地での家史は600年近くに達することになる。

業態転換を繰り返した前史は省略して、戦後の下津醤油の話へ飛ぶことにする。現会長の下津和文氏は大学を卒業後、大手石油会社に勤めるエリート会社員だったが、先々代社長の泰蔵氏の婿養子となり、1975年に後継社長の座に就いている。しかし収益は最悪で、工場は老朽化しており、和文氏は経営立て直しに奔走することになる。「大手スーパーなどに入り込む力はなく、目を付けたのは地元や愛知県の総菜やつくだ煮などの食品メーカーへの調味液の販売。この取引が始まったことで収益も好転。一方で、化学調味料を用いない調味液の開発依頼もくるようになり、これが醤油に代わる当社の柱に育ってきました」

温厚で、いかにも忍耐強そうな風貌の和文氏はそう振り返る。婿養子として、伝統ある家業をつぶすわけにいかず、必死に努力したことを窺わせる。

社長交代で経営近代化

和文氏は収益が改善すると、資金を設備投資にあて、工場を近代的設備に変えていった。このことが下津醤油に幸運をもたらす。従来から原料購入で取引があった大手製粉会社から、実験室段階で成功している新しい醤油用原料や醸造調味液を実験的に工場生産したいが協力してくれないかとの話が持ち込まれたのだ。

経営内容に加え、生産設備や従業員の質、調味液の生産実績などが評価されたからだ。大手製粉会社から技術者がやってきて、下津醤油の工場長以下と生産を軌道に乗せるための奮闘が続いた。

こうして製造ラインに乗ることになった新商品は、大手製粉会社向けのＯＥＭ生産ではあるが同社の主力製品となっていった。

そうした時期に、大阪の簿記専門学校を終えた下津家十六代目の現社長の浩嗣氏が帰ってきた。工場の現場に入って会社のことを肌で理解する一方、父親の友人の誘いもあり三重同友会に入会、経営の勉強をする。家付き娘の母親譲りなのか、果断で行動的との印象を受ける。

２００２年、同友会の勉強会で、こういう話が耳に飛び込んできた。

「これからの食品メーカーはＩＳＯ９００１を取っておかないと持たないぞ」

設備の更新を進めているところでもあり、専務だった浩嗣氏は父親の和文氏と話し合い、早速、この品質・生産管理に関する世界レベルの規格ＩＳＯ認証取得に取り組む。

先々代の泰蔵氏が有機化学の技術者だったこともあり、工場長はじめ従業員教育がしっかりしており、04年にはＩＳＯを取得。このＩＳＯ取得をきっかけに5Ｓ（整理、整頓、清掃、清潔、しつけにより、仕事の質を高め、チーム力を向上させようというもの）活動や改善提案活動にも取り組み、社員が着実に育っているという。

今後はどうか。09年に社長に就任した浩嗣氏はこう語る。「当社程度の規模の会社にとり海外は勝負する市場ではないと考えています。むしろ三重県内、大阪や名古屋まで見回すと、まだまだうちの製品が入り込む余地がたくさんある。うちの味を生かして地道に売り上げを積み上げていくだけで100年とは言いませんが、数十年は成長していけるのではないかと考えています」

老舗企業の経営者らしい、地に足が着いた考え方である。こうも語る。「それに業務用の調味液に力を入れている間に、地元の消費者に当社の醤油ブランド『キューボシ』が忘れられてしまった面がある。2011年、18年と弊社の『特級しょうゆ』が農林水産大臣賞を受賞したこともあり、この地域にもそうした優れた商品をつくる誇れる会社があると知ってもらう一方、高いけれどもいい醤油を地域の人たちにあらためて使ってもらえるような取り組み、例えば近隣住民に参加してもらう年2回の工場感謝祭などを始めています」

これらは社員の提案を受け入れてのものだという。同友会企業らしく、ほかにも地域回帰への取り組みとして、専修寺寺内町の賑わい回復のために、浩嗣氏は「あかり屋」という名のレストランや宿泊施設などを運営する会社の社長も兼任している。ただし経営的には、こちらはまだ努力が必要のようだ。

「正統派の異端でいきます」

ディープな下町、つまり東京墨田区、江東区、葛飾区、荒川区などだが、この地区に多い大衆居酒屋で、「キンミヤ」という名の甲類焼酎が大変な人気である。甲類焼酎は単式蒸留のイモ焼酎など乙類と異なり、連続式蒸留による無色無臭の純度の高いアルコールである。大量生産が可能なため、乙類に比べ価格も比較的安い。

そのキンミヤ焼酎、正確には「亀甲宮焼酎」と呼ぶのだが、製造元の宮﨑本店も下津醤油の近傍、清流鈴鹿川の伏流水に恵まれた四日市市楠町に本社工場を置き、創業が1846（弘化3）年という老舗酒造会社である。江戸期、「灘の酒、楠の焼酎」と併称されるほど、この地区は焼酎製造の知られた産地だったという。盛時30を超える焼酎蔵が軒を連ねていたそうだが、現在は宮﨑本店のみ。ただし戦後、宝焼酎が立地条件のよさがあってだろう、近隣に工場を新設して今に至っている。

宮﨑本店が楠地区の地場焼酎蔵、酒造業者として唯一生き残ったのには、理由がある。宮﨑本店六代目で、現会長の宮﨑由至氏は以下のようにいくつかの要因を語る。

一つは時代がいささかさかのぼるが、1923（大正12）年9月に起きた関東大震災時、「当社が所有していた焼酎運搬船に様々な救援物資を積み込み、下町の取引先などへ送り届けた」のだという。これが東京下町に「キンミヤ焼酎」のファンを増やす大きな一因となった。

それに先立ち、年商の3倍の資金を投じてドイツから最新式の連続式蒸留器を導入、純度の高い高品質のアルコール製造に成功したことも大きい。

戦後、原料統制によりアルコール製造が苦境に陥った折には、技術者だった宮﨑氏の父親は、統制の対象外だったソテツの実を奄美大島から仕入れ、苦心の末アルコール製造に成功した。「二つの技術革新への挑戦が、うちの商売に繁栄をもたらし、この地区で唯一生き残ることを可能にしたのです」と宮﨑氏は語る。

だがそれも長く続かなかった。宮﨑本家は焼酎のほかに清酒の製造も行っていたが、地方の多くの中小の酒蔵のように灘や伏見の大手に桶売り、その名の通り桶ごと売ってしまう甘い商いを拒絶していた。あくまでも自社ブランド「宮の雪」にこだわったのだ。しかし地元の四日市市内でさえ大手の銘柄に押されて売れず、70年代に入ると清酒事業は苦境に立たされた。慶應義塾大学卒業後、大手醤油メーカーで経験を積んだ宮﨑氏が家業を継ぐべく帰ってきたのはそのころのこと。入社後、営業を担当、専務を経て87年に社長に就任している。

この間、同友会に入会、84年には三重同友会の代表理事に就任する。このとき、岐阜同友会に挨拶に行き、衝撃の出会いをする。今や伝説の名経営者となった、未来工業の山田昭男氏に直截にこう告げられたというのである。「日本酒業界は、7割から7割5分が赤字かせいぜい50万円以下の利益しか出せていない会社ばかり。そこでいい奴だと言われるようなら、あんたもその仲間入りだ。とんでもない奴がいるぞと言われるようになったら、褒めてあげるよ」

そうした業界環境の中で、甘えず、馴れずにやれとの山田氏一流の激励だった。対して宮﨑氏は「私は正統派の異端でいきます」と答えたという。これがその後の宮﨑氏の経営の背骨となる。同友会内では、兵庫同友会の田中信吾日本ジャバラ代表取締役などと並び、まさに「正統派の異端」視され、いまでは全国の同友会からその直言を聞こうと次々と声がかかっている。

経営面での「正統派の異端」ぶりはこうした点にも見られる。今でこそ日本酒というと大吟醸と言われるが、当時は新酒鑑評会用の特殊な酒で、販売用ではなかった。宮崎氏はそのうまさを知ると、ベテラン社員の反対を押し切り市場に出す。「宮の雪」は地元を中心にうまい酒との評判をとり、各種鑑評会でも相次いで金賞を受賞する。現在、宮崎本店で仕込む清酒はほとんどが大吟醸ないしは純米酒などの特定名称酒で、醸造用アルコールを用いた普通酒はほとんどない。結果、清酒部門の収益も確実に改善している。

次に課題となったのが、本業ともいうべき焼酎事業の立て直しである。2000年ごろになるとイモなどを原料とした乙類焼酎がブームになる一方、甲類は低迷期に入る。「キンミヤ」も同様であった。苦悩する宮崎氏は下町の居酒屋で、ある発見をする。店主に出された酎ハイを飲み比べてみると、明らかに「キンミヤ」が「口当たりが柔らかく、おいしい」のだ。別の店では常連客から「俺たちはキンミヤしか飲まないよ」とも言われた。

宮崎氏は味に自信を持ち、これまでの大型容器で売る販売方法を改め、600㎖、300㎖、200㎖と小型の瓶で売ることにした。「キンミヤ」のブランド化に挑んだのである。もちろん単価は上がったが、関東大震災時からの分厚い支持層は逃げることはなかった。今や都内では毎年1000店も取引先が増えており、下町から山手線の内側へ、東京から大阪へと人気は広がっている。ここ5年ほどで焼酎の売り上げは倍増、50億円余りに達しているという。自己資金も70％余りに達した。

この資金力を生かして、17年秋に社長に就任した息子の由太氏は手造りの部分を残しながら、自動化可能なところを自動化した清酒蔵を新造、清酒分野で攻めの体制に入っている。大手ビールメーカーの営業畑で経験を積んだ由太氏は帰ってくると、「キンミヤ」の拡販で実績を上げ、この新しい挑戦に会長の由至氏も全面支持の構えだ。後継者を信頼し、社内にとかく混乱をもたらす院政の姿勢など、どこにも疑えない。

「とにかく老舗は革新の連続こそ求められる」と宮﨑氏は語る。実は宮﨑氏は、同友会内において「経営戦略」重視を長年にわたって訴えてきた論客として知られている。鋤柄修氏の『経営者を叱る』では「中同協では、経営指針つくりにあたり、『戦略』という言葉は曖昧で使いづらいから、『経営指針成文化と実践の手引き』改定時には使わないようにしよう」とした。そこで経営指針を「経営理念」「10年ビジョン」「経営方針」「経営計画」の4つの要素として定義づけた。

「老舗は革新の連続こそ求められる」という宮﨑氏にしてみれば、「あらゆるレベルの経営は革新の連続」であるし、そこにおいて経営者は戦略的に企業革新に挑んでいかなければならないということになる。

一方で鋤柄氏はじめ「戦略」という言葉にこめられた変化に立ち向かう経営者の主体性の重要性を訴える同友会幹部が増え始めるなかで、宮﨑氏の信奉者も増えているようだ。

ちなみに先の下津醤油のＩＳＯ導入を強く促したのも、実は宮崎氏である。

苦境を乗り越えた、その先に

「老舗は革新の連続こそ求められる」との宮崎氏の言葉を、今まさに実践しているのが、大阪府東大阪市に本社を置く油脂、食品、洗剤などの専門商社マルキチである。創業は１６８９（元禄２）年というから、あの赤穂浪士討ち入り事件の13年前。創業の地は商いの本場大阪船場で、現在地に移ったのは１９８１年のことだ。

社長の木村顕治氏によれば、現在に至るまで扱い商品は変転を極め、「一貫して変わらないのは植物性油脂が商いの中心だ」ということだけ。例えば江戸時代には誰もが用いたびんつけ油は断髪令が出て用途がなくなり、照明用油もガス灯、さらには電灯の登場で市場が消滅した。時代の変化に翻弄されてきた商いと言っていい。そうした渦中にあってもマルキチの歴代当主は新たな商売のタネを見つけ、家業の発展に努めた。

特に戦後、カロリー不足が叫ばれる時代に食用油を扱い始めたことが大きい。「菓子メーカーやレストラン向けなど業務用市場に入っていったことが、戦後の成長のばねになりました」と木村氏。油脂に隣接する洗剤にも手を広げていった。しかし今度は流通革新が前途に立ちふさがる。主な販路である二次卸が次々と店を閉じていったのである。

1962年生まれ。東京商船大学（現・東京海洋大学）を出て大手船会社に勤めていた木村氏が、家業を継ぐために帰ってきたのは94年のこと。すでに売り上げはじわじわ減ってきていたが、売上品目も売り先も多様化していたので、急速に経営が悪化することはなかった。だが社長に就任した2002年、いよいよ苦境に追い込まれる。「この前後が経営的にも、個人的にも一番苦しかったですね」

社員の昇給はできず、ボーナスも払えなかった。一方で銀行からも業務改善計画書を出せと迫られた。とにかく会社の資産を整理するなどできる限りの合理化を行い、この時期を乗り切った。「希望退職の募集を行わないですんだのだけが救いでしたね」

その後、行き詰まりを打開するために社内に新しい血を入れようと、木村氏は高卒、続いて大卒新人の採用を再開するとともに、新たな商材としてオリーブオイルなどに注目、これをBtoCで直接消費者に売る一方、東大阪市近辺で料理教室などを開いている人に売り込み、口コミでの販売増に取り組み始めた。商材探しに、木村氏自らイタリアのオリーブオイルの有名産地に足を運んだりもしている。今、人気なのはシチリア産の「Ｒｏｌｕｉ」という商品だという。

実のところマルキチはここ数年、売り上げ減が続いているが、利益水準は下がっていない。BtoCビジネスにより粗利率が上がっているからだが、木村氏は「まだまだ利益水準が低い。もっと厚みのあるビジネスにしていかないといけない」と口元を引き締める。

「ちゃんとした仕事を後継者に残さないといけない」という気持ちも、先代から言われているわけではないが、300年企業の経営者としては強く自覚している。会社を残すことはまた、木村たち大阪同友会の会員がいま取り組んでいる、地域の若者に仕事を残すこと、地域を元気にすることをも意味している。

誠実さと真摯な姿勢が企業を永続させる

ここまで、主として市場環境の変化、市場の縮小に関わっていかに生き残るかに向き合ってきた会員企業のケースを見てきた。しかし企業の存続を揺るがす条件は多様である。特にここ10年余りの日本は神戸・淡路、東日本、そして熊本と大規模な地震や、地球温暖化に起因すると考えられる50年とか1000年に一度とかの未曾有の大暴風雨など、自然災害により企業の経営基盤が揺るがされる事態が多々起きている。

すでに東日本大震災に見舞われた東北三県の同友会企業のその後の奮闘ぶりは前段で記したが、最後にもう一社そうした事態に直面しながら、企業存続に全力を注いでいる同友会企業を紹介したい。岡山同友会の代表理事を務める山辺啓三氏が経営するまるみ麹本店がそれである。記者が山辺氏に会ったのは、(2018年)8月2日、倉敷市郊外で開かれた岡山同友会の第20期・社員共育大学の懇親会の場であった。

向かい合って座ったことから、何気なく「7月上旬の岡山・広島地方を襲った豪雨ですが、山辺さんの会社には被害はありませんでしたか」と尋ねたところ、「それが……」と、以下のような話を聞かせてくれたのである。

岡山を大豪雨が襲った7月6日、山辺氏は中同協の第50回総会・幹事会に出席するため仙台市に滞在していた。会社から大変な雨だと連絡があったが、動きが取れない。ホテルに帰り、インターネットで会社の前を流れる高梁川の水位を確認すると、氾濫危険水位をすでに超えている。自宅近くにあるアルミ工場は浸水により水素爆発を起こしたとの情報も入ってきた。とにかく明日一番で帰ることにし、万一のときに取る対策をまんじりともせずに考えた。翌朝一番に仙台駅に駆けつけ、東京駅に着くとすぐ羽田空港に向かい岡山便に飛び乗った。

岡山着はちょうど正午。大きな被害を出した倉敷市真備は、まるみ麹本店のある総社市美袋の下流に位置し、堤防が決壊して一面水浸しになったが、総社のほうは内水氾濫といって、堤防が切れず内側に水が溜まってしまった状態だと知らされた。

それならと途中のホームセンターに立ち寄り、排水等のために小型発電機を買い込んだという。もっとも会社に着いてみると、一時は1メートル余りもあった水はすでに引いており、発電機は不要だった。しかし味噌の充填機など多くの機器は水につかって使えなくなっており、味噌や麹の原料の多くも使用できなくなっていた。とにかく蔵中が水浸しであった。

しかしこの時点で山辺氏がもっとも意を用いたのは、社員とその家族の安否確認と、食品関連の企業として衛生環境の早急な整備だった。翌日になると近所の女子高生をはじめ、状況を知った同業者、取引先、お客がボランティアとして応援に駆けつけてくれたし、経営者仲間は土嚢袋や業務用洗浄機などを持ち込んでくれた。

山辺氏は被災した近隣の人たちが温かい飲み物を求めているはずだと思い、自社のフリーズドライの味噌汁を提供する一方、「今までお宅の味噌を愛用してきたが、暫くは手に入らないだろうから、ちびちびと節約して食べている」という消費者の声を耳にすると、「一日も早くお味噌を届けたい、早く製造を再開して煙突から出る蒸気で地域に元気を与えたい」と考えるようになった。

生産再開に向けて機器類をメーカーに発注する段になっても、支援は続いた。例えば故障したボイラーをすげ替えないといけないのでメーカーに相談すると、たまたま他社へ納入する直前のものがあり、その会社がまるみ麹本店に先に回してくれるというのだ。またカップ容器の充填機については知り合いの会社に故障したものがあり、それを自分で直すからと言って貸してもらった。

「たくさんの親切と、いくつかの幸運が重なって、11日目に生産を再開、2週間目には出荷を再開できました」

その後3カ月ほど、山辺氏は人様に助けてもらうばかりだという心苦しさから、虚しくて眠れない夜があったという。「そうか自分ができることで人様に役立つことを、一つでもやり始めることが大事なんだ」と考えるようになって、ようやくゆっくり眠れるようになったという。

いずれにしろ、山辺氏の誠実な生き方と真摯なビジネスに対する姿勢が、顧客、取引先、そして社員の篤い支持をもたらし、水害禍からまるみ麹本店をいち早く立ち直らせたと言っていいだろう。

まるみ麹本店は1950年、山辺氏の父親の光男氏が個人の麹店として創業している。その後、味噌、甘酒と手を広げ、販売ルートもスーパーなど一般小売市場、業務用市場、通信販売、とバランスよく広げていき、今はほぼ3分の1ずつだという。

しかし、今回の危機を乗り越える大きな一助ともなり、まるみ麹本店が70年近い歴史を総社市で刻み込んでこられたのには、2005年に父親から社長職を譲られるきっかけにもなった山辺氏の大きな決断があったのである。03年から、国産大豆の価格が3~5倍に急騰した。父親はこの際やむを得ない、輸入大豆を使おうと言いだした。

創業以来、まるみ麹本店は「日本の伝統食である味噌には、日本の気候風土で育った大豆、米、麦がもっとも適している」との考えから、国産の原料を吟味し、塩や水にも注意を払ってきた。水は電子イオン水を以前から使っているほどだ。

山辺氏は同友会流の理念にこだわり、「わが社のドメインを守るべきだ。あくまでも国産大豆でいくべきだ」と主張し、最後までそれで押し通した。それがこの会社の製品を信頼し、愛用してくれる強固な顧客層をさらに増やすことになった。「なくなると困るから、ちびちび節約して食べる」

というような。

まるみ麹本店は売上高2億7１7万円（2０1８年6月期）、従業員22人の小さな会社だが、そのブレない経営と経営方針ゆえに、80年後、1００年後も岡山県総社を足場にしっかりと生きていくだろう。

CHAPTER 15

会社をよくする経営者と経営とは

THE STRONGEST MANAGEMENT OF

SMALL COMPANIES

目標5万名！会員増強にこだわる理由

経営者として、人間としての学び

香川県東部さぬき市のひなびた田園地帯に立つ徳武産業本社工場の駐車場に、同乗している車を運転してきたカメラマンが尻から入れようとしたところ、係の人が飛んできて頭から入れてくれと告げた。周りを見まわすと、国内の一般の駐車場とは逆にみな頭から入れて駐車している。なぜだろうか。頭をひねりつつ記者たちは車を降りたが、やがてその理由がわかることになる。

徳武産業は２０１８年度の売上高が25億円超という中小企業だが、高齢者、障害者向けケアシューズ市場のパイオニアとして、現在、販売数量では国内トップ企業である。障害者の現実を斟酌し、例えば左右サイズ違いのものをセットで売るだけでなく、片方だけでも売るという販売手法も取り入れ、単にシェアが高いだけでなく、ブランドロイヤルティのきわめて高い企業としても知られている。障害者の身になって商品をつくっていることから、障害者やその家族、関係者の間での知名度は抜群だと言っていい。同社へ毎日のように送られてくる、ユーザーからの手紙類を見ると、いかに徳武産業の靴を彼らが待ち望んでいたのかよく理解できる。

こうした現在の徳武産業をつくり上げたのが、会長の十河孝男氏である。香川県の地場産業であった手袋製造業からスタート、スリッパづくりなどへ転換していた徳武重利夫妻の長女と結婚した十河氏は、銀行を経て親せきの手袋製造会社に転じ、1984年37歳のとき義父の死去に伴い徳武産業の社長となっている。

当初は大手メーカーへ納める学童用シューズ、次に大手通信販売会社向けのトラベルポーチやルームシューズなどを手掛けた。しかし前述のような経緯もあり十河氏は下請けやOEM生産の限界を知り、新商品、それも自社ブランド商品を模索することになる。そうしたときに運命的に出合ったのが、ケアシューズだった。

知り合いの老人ホームの園長から、「お年寄りが転ばないシューズができないか」と困り切った相談の電話があったのだ。これがケアシューズ市場へ進出する端緒となる。しかし当然ながら簡単に事が進んだわけではない。トラベルポーチを生み出したヒロ子夫人(現・副会長)と2年間、開発に没頭する。この間、社業は信頼する幹部たちに任せたのだが、気が付くと会社は創業以来の赤字に。十河氏は自分の責任を棚に上げ、信頼して任せたはずの部下を厳しく叱責した。社内の雰囲気は悪くなり、幹部3人を含め社員が次々と辞めていったという。

41歳で同友会に入会した十河氏が、経営者として本気で勉強すべきだと考えはじめたのはこのころだった。「月々の支部例会に出て、全国中小企業研究集会にも行くことで、経営者として、人間としていろいろな学びがありました」と振り返る。「手段としては経営指針の作成を重視し、全社員が参加するようにした」と語る。今では毎年行うようになった徳武産業の経営指針発表会には、取引銀行の支店長、担当者までもが顔を揃える。そして退職する社員はほとんどいないどころか、採用難などどこ吹く風で、大卒を含め優秀な人材が自ら希望して相次いで入社してきているという。

組織率トップ! 3つの秘密

この十河氏らが加入している香川同友会が、全国の同友会から格別に注目されている。それの理由はひとえに、県内の全企業数に対する会員数の比率（対企業組織率）の高さにある。香川同友会は会員の絶対数こそ1586人と全国で10位、中の上クラスにとどまるが、組織率を見ると2019年2月時点で10・13と47同友会のうちでトップである。2位は沖縄で9・43、3位が北海道で7・45、以下福島、広島、京都と続く。全国平均は2・67にとどまる。注目をあびる理由もわかろうというものである。

03年から香川同友会代表理事を務める川北哲氏は、その理由を次のように分析する。ちなみに川北氏は高校卒業後農協に勤め、退職後、姉夫婦の電気設備会社を専務として手伝ったのち独立。現在、四国はもちろん、関西、九州など西日本に20カ所の温浴施設を展開、ほかにもホテルや飲食店を運営するレジャー関係企業、創裕の創業者だ。いかにもやり手経営者らしく、論旨は明快である。

「香川同友会がなぜ会員増強にこだわるかと言えば、組織が大きいほど地域づくりに与える影響力が大きくなるからです。私たちは中小企業振興基本条例づくりに力を入れてきたが、ほかの同友会や自治体といささか異なるのは、制定しただけで止まってしまっている多くの同友会、自治体が多いなかで、さらに一歩進めて、地域経済活性化に役立つものにしていこうとしていることです。そのためには、会員を増やして行政を動かすだけのパワーを持つ必要がある。パワーはやはり数であり、組織率。首長も、行政も、そして政治家も数字を見ますから。香川同友会の組織率は一時期15%近いこともありましたが、現在は10%強。そういうことで、私としては20%までもっていけないかなと考えています」

川北氏や十河氏の話を総合すると、香川同友会が一時の低迷期を除いて高い組織率を維持してきた理由として、会員ががむしゃらに新人会員を勧誘したうえで、稠密に支部を設立、その支部ごとに熱心に勉強会などを行い、会員が相互に切磋琢磨してきたこと。その中から優れたリーダーが次々生まれてきたこと。加えて香川県の面積が狭いことから、会員相互のコミュニケーションがとりやすく、様々な面での情報の共有がうまくできたことなどを挙げる。

優れたリーダーという点では、先ごろ亡くなった三宅昭二氏は1982年から24年間にわたり代表理事を務めた（中同協副会長も歴任）が、いつもカバンに入会案内を数通入れておき、出張の行き帰りの飛行機で隣り合わせた人が経営者で、自分の眼鏡にかなった人だったりすると必ず入会を誘ったものだという。三宅氏は県西観音寺市に本社を置く三宅産業の経営者で、同社を売上高50億円余りの県内有数の住宅設備・リフォーム企業に育て上げたことでも知られている。香川同友会にはこの三宅氏に誘われて入会した人が多く、この話は香川にとどまらず。四国四県ではある種伝説と化している。

しかし現状は、会員数が2003人を記録した、三宅代表理事時代の1991年ピーク時にははるかに及ばないし、ここ数年は1600人台で会勢は伸び悩んでいる。このため2018年、代表理事の一人明石光喜・明石建設社長が本部長になり、「仲間づくり推進本部」を新設した。

ただ従来の組織委員会と役割分担が不明瞭との指摘もあり、19年から仲間づくり推進本部が会員増強部分を、組織委員会が会員の減らない組織づくりの役割を担うことになった。「とにかく香川同友会はわっと増やすことは得意だが、入会した会員をしっかりつなぎとめる点がやや弱い。ここを改める必要があります」と川北氏は率直に弱点を指摘する。

もう一つ川北氏が挙げた課題は「今は二代目経営者の時代に入っている。その人たちを入会させるためにどういった魅力を発信するかですね」という点。現在は情報化時代、様々な情報が飛び交い、学びの場もたくさんある。

これに対して、同友会がどういう魅力を発信できるのかということだ。十河氏はこう述べる。

「同友会には様々な経験、ノウハウ、そして識見を持った方々がおられる。経営だけでなくいろんな点で悩んでいる若い会員は、そうした先輩を訪ねて教えを請えばいい。門戸はいつも開かれています。そこが同友会に入る大きなメリットです」。同友会は人間力で勝負すればいいということだろう。

実は、これは十河氏の体験からきている発言である。先に徳武産業の経営指針書のことを記したが、十河氏がお手本にしたのは同友会の先達で、通信販売大手やずや創業者、矢頭宣男氏であった。矢頭氏のことは岡山同友会の松尾正雄氏の項でも紹介したので詳細は省くが、十河氏は「経営のいろはを教えていただいた」と語る。

自分にとっての矢頭氏のようになりうる存在が、今の同友会にもたくさんいるはず。入会してその人たちから学びなさいというのだ。十河氏自身もまた、現代の同友会における、そうした先達たりうる一人であることは言うまでもない。

冒頭の駐車の件も、矢頭氏から学んだことだという。「田んぼの真ん中に会社がある。後ろ向きに駐車させれば、イネに排気ガスがかかる。丹精こめて稲作をしている農家の方に迷惑がかかるじゃないですか」と忠告されたのだ。

以来、十河氏は地域に迷惑をかけない、環境に配慮することなどをも常に心掛けるようにしている。会社の敷地内には社員が昼休み時にくつろげるように公園が整備されており、近郊の丘陵地には私費を投じてつくった森林公園があり、近隣住民に広く公開されている。

愛知の常識は全国の〝異〟常識

組織率で注目されているのが香川だとすると、絶対人数で全国的に注目されているのが愛知同友会である。もっとも現在、最大の会員数を誇るのは北海道で5765人、愛知は4270人で第2位である。それでもより愛知が注目されるのは、21世紀に入って17年間一度も対前年比でマイナスがないという点だ。リーマンショック時でさえも、わずか4人とはいえ前年比プラスで乗り切っている。他の同友会はただただ脱帽するしかない強固な組織だと言っていい。

愛知の増員面での強さの要因は何か。東海地方の有力合板販売会社、宇佐見合板社長で愛知同友会副代表理事を務める宇佐見孝氏は、インフラ整備と組織づくりの面から、説明を始めた。「90年代の中ごろからですが、会員の自主性と主体的力量を高め、事務局業務を高度化し、会員数2000人から3000人にするにはどうすべきかを論議し始めた。

そこで出てきたのが会内グループウエアの開発です。当時、対外的には『Ainet（アイネット）』と呼ぶホームページがあり、これに支部や各地区会の動きも掲載していたのだが、バランスよく掲載するわけにはいかなかった。そこで会内に向けては『あいどる』（Aichi Douyukai Onlineの略）というグループウエアを設けることにした。これにより組織内の行事予定の告知や出欠など情報処理が効率的かつスピーディーに行われるようになったのです」

愛知同友会はこのように対外的に同友会活動をPRする担当部署として「報道部」を設置、また「あいどる」を用いて会内に同友会理念や方針を伝える「広報部」を設け、さらには組織活動の支援システムづくりを担う「情報部」を、そして情報取集や分析、予測を行う「景況調査委員会」をつくり、この4つの組織が情報連絡協議会を結成している。

これによって愛知同友会の活動内容、会員企業の活動、さらには中小企業の現況と問題意識が組織の内外に発信されていくのである。ちなみに最後の情報連絡協議会を除くと、他の3つの部はすべて会員の手で運営されている。事務局はほとんどタッチしない。なんでも事務局任せという同友会も少なくないようだが、そこも愛知同友会の独特なところである。

話を情報ネットに戻す。情報ネットは、従来のFAXを用いていた連絡網では効率が悪く、地区役員に負担がかかっていたが、「あいどる」の導入で彼らの負担が減るとともに、地区内の小グループ活動の活発化が可能になった。つまり地区例会に加え、さらに下部のグループ会を毎月開くことが可能になったのだという。このあたりも愛知独特だ。

グループ、支部とお互い切磋琢磨する機会が月2回に増えるとともに、15~20人前後で構成されるグループ会は会員の会社で開くことを原則にしていたので、現場を見ての親身のアドバイスが（時にはおせっかいなほどだそうだが）行われて、単刀直入で意味ある経営論が戦わされただけでなく、密度の濃い人間関係が構築されていくのだ。とすれば当然、退会する人は減るし、学び甲斐があるので、新規入会希望者も増えていくという好循環になるわけである。

また入会者が増えると、必然的に小グループの数も増え、組織としての活動もさらに活発化することになる。地区例会の内容は「あいどる」で全会員に公開され、これはと思われるものは広報部の編集メンバーの手で「アイネット」や広報誌「同友Ａｉｃｈｉ」に転載される。これにより当該地区メンバーの意欲はさらに増すことになるのだ。

さらに、宇佐見氏が会勢増強のポイントとして挙げるのが、愛知独特の「青年同友会」という組織の存在だ。青年同友会は連絡・調整のために青年同友会連絡協議会を組織しているが、一方で各支部にある青年同友会は地区同友会と並列に置かれている。「青年同友会のメンバーは経営トップの予備軍で、41歳まではここに属し、卒業後、地元の地区同友会に移る。つまり人間関係をさらに広げられて、２度勉強会を楽しむことができるのです」と宇佐見氏。

青年同友会の組織としての強さ、魅力は次の数字でもわかる。愛知同友会の会員のうち、20～30代が全体の25％の１１００人余。40代の40％に次ぐ、50代は20％、60代以上は10％ほどにすぎない。「愛知同友会は非常に若い会。それというのも青年同友会の組織がしっかりしていて、卒業後もしっかり活動を続けていく方が多いからです」と宇佐見氏。

また創設時の遠山昌夫氏（初代代表理事）に始まり、鋤柄修氏（現・中同協相談役）や加藤明彦氏

（前・代表理事、エイベックス会長）に至る、優れたリーダーを次々と輩出してきたことも大きい。加えて愛知同友会の増勢を可能にしている点を探せば、自動車産業を中心に製造業に強固な基盤を有し、堅実志向の強い経営者が多い愛知という土地柄に即した、実質性に富む独特の体質を育んできた点であろう。

内輪博之専務理事が過日、熊本同友会における研修会で述べた、「最近の愛知同友会の流行語」にもそれを窺うことができる。アイテムだけを拾ってみよう。「数は信用」「『同友会らしい』黒字企業」。それに「愛知の常識は全国の『〃異〃常識』、全国の常識は愛知の『〃非〃常識』」などど。理念以上に「黒字」という経営実態を大事にすべき、という堅実な愛知県人らしさが明確に表れているし、数が信用のベースだという考えもいかにも実質的な愛知県人らしい。

常識的なレベルで、なあなあで論議を終えてしまうようなことも時間の無駄と考える人たちだから、論議は徹底したものになり「愛知の常識は全国の『〃異〃常識』、全国の常識は愛知の『〃非〃常識』」などということにもなるのだろう。

ただ、そうした堅実さが半面での保守性につながっており、男女ともに「女性は家庭に入るべきだ」という考えがいまだに根強く、女性会員の比率が全国的に見て極めて低い。逆に言えば、増勢の余地がまだまだあるということでもあるのだが。ちなみに沖縄同友会を長年けん引し、中同協の女性部代表も務めた糸数久美子氏は実は愛知出身である。

いずれにしろ、ここ愛知同友会でも会員数へのこだわりは強い。「数は信用」であり「数は力」であり、それはすなわち同友会の意見を国や自治体の政策に反映させるためであることは言うまでもない。

脱落者を出さずに16年連続会員純増

もう一県、会員増強で注目すべき同友会を紹介しておきたい。香川のお隣、徳島である。ここは多くの道府県と同様、人口も企業数も目に見えて減っている地域の一つだが、２００３年以降連続16年間にわたり、同友会は会員数を純増させているのだ。

07年に代表理事に就任、現在は中同協副会長（四国ブロック担当）を兼務する山城真一氏は、「徳島の場合、特に秘策があったわけではない。増員は各支部の担当とし、各支部は新入会員の満足度につながる経営指針実践塾にお誘いするとともに、既修者が熱心にフォローして脱落者がないように面倒を見る。増員数も大きな数を見込まず、毎年25人ほどと、ぼちぼち増やすという考えでやってきたのが功を奏しているのでしょう」と語る。

山城氏は高知県出身。大学卒業後、日本マクドナルドの社員になるが、１９９０年に社員から転じて徳島県のフランチャイジーとして独立、現在、その会社サンフォートは13店舗、社員40人、アルバイト６００人を擁する。特筆すべきは、２０１４、15年の中国工場での期限切れ鶏肉の使用問題に端を発した日本マクドナルドの経営危機に際して、例に漏れず厳しい経営を余儀なくされたが、同友会独特の「社員はパートナー」という考えを強固に保ち、一人の解雇者も出さなかったこと。同友会イズムの強固な実践者であり、そうした山城氏のリーダーシップが徳島同友会の着実な会勢増強を可能にしたと言っていい。

徳島同友会では19年から、山城氏に加えシケン社長の島隆寛氏が代表理事に就く。「二代目だが、先代の番頭さんを心服させ、企業体質を変えただけでなく、業績も大きく伸長させている」との山城氏の島氏評は既述の通りだが、これまでも挑戦的な経営施策を次々と実践してきたとされる島氏だけに、どういう会員増、徳島同友会改革の手を打ってくるのか、けだし楽しみである。

それにしても、なぜ各同友会は会員増にこれほど力を注ぐのだろうか。一つは「数は力なり」ではないけれども、「金融アセスメント法制定運動」「中小企業憲章制定運動」、さらにはその後の「外形標準課税導入反対運動」など、他の中小企業団体や国民を巻き込んだ運動が一定の成果を上げえたことに関して、それなりの会員数が意味を持ったという認識があるからであろう。弱小組織ではこうはいかなかったと言っていい。

またそうした運動を通じて、中央官庁、地方自治体などで、「まじめな勉強家集団」などといった中小企業家同友会に対する認識が深まり、様々な公的、準公的な会合に呼ばれ、意見を開陳する機会が増えだしたことも、組織を拡大しようという意識を強めていると考えられる。ある県の同友会事務局長に聞いたことだが、県内の中小企業政策に関する意見陳述する会に従来呼ばれたことがなかったが、中小企業基本条例の県議会通過を推進したことをきっかけに、県庁の経済産業関係の部署から呼ばれることが多くなり、今もそれは続いているという。多くの県、政令指定都市を含む市町村でも同様だと聞く。とすれば同友会にとって会員を増やすことは、自らの政策課題を行政の課題として乗せていくことにつながり、大いに意味のあることであることは言うまでもない。

それがある種の成果をもたらせば、組織の意気は一段と上がるし、また人間という動物はある競争条件の場に置かれると、何とか相手に勝とうと意欲を掻き立てるものだ。同友会であれば隣県の同友会、あるいは同規模の都道府県の同友会に負けまいとする。県内の支部同士でも同様である。対象が他の中小企業団体である場合もあるかもしれない。いずれにしろ、各同友会は基本的には政策実現のために、一方では組織に内在する競争意識によって、積極的に拡大に向けて動いていると言ってよかろう。

加えて各同友会にとり、会員数が予算の多寡と直接連動しており、それはまた事務局員の数と質に直結している。北海道同友会が現在、全国一の規模を誇るだけでなく、共同求人などいくつもの先駆的施策を転嫁し得たのも大久保尚孝氏という優れた事務局長が存在したからだと言われている。ほかの同友会でも、会員数が急増した時には優れた代表理事に加えスタッフとして有能な事務局メンバーが存在したというのが定説になっている。

同友会活動が質的に向上していくためにも、スタッフの強化、そのためにも会員増強が不可欠だと言っていい。愛知同友会の活動は、その意味で理に適っている。

地域を守るため会員増に励む

ここまで記してきて、同友会がなぜ仲間を増やすことに力を入れているかについて、一つ書き洩らしている事例に気付いた。実はその件については中同協事務局や岩手同友会関係者から間接的に聞いてはいたが、現地を訪れたこともなく、その主役たちにもごく一部しか会っていなかった。しかし、同友会内ではごく有名な話であった。東日本大震災で大きな被害に遭った岩手同友会気仙支部に関することだ。以下は主として、同友会のパネルディスカッションなどの資料によったものである。

気仙支部の設立は２００７年。当時、地域の人口が急減する中で会社経営に悩む陸前高田市の若手経営者が、彼らのリーダー格で、味噌、醤油などを製造している創業２００年超という老舗醸造業者、八木澤商店の河野通洋専務の下に集まり、今後のことをしばしば相談しあったりしていた。

この時期、河野氏は宮城同友会に加わり、経営指針書をつくったりしていたが、アメリカ留学の経験を持ち、「社員は俺の言うことを聞いて仕事をすればいい」というタイプで、なかなか社員と心が通いあうような関係を作りあげるところにまでいかず、悩んでいた。その間にも社員や経営者仲間を宮城同友会の勉強会に連れて行ったりしているうちに同友会活動への理解が深まり、陸前高田にも同友会の支部をつくり、お互い切磋琢磨しようではないかという方向に話が進んだ。こうして2007年に、陸前高田、大船渡両市と住田町の2市1町の、会員28人で新支部が出発することになった。

初代の支部長は、これまでも何かと相談に乗っていた高田自動車学校などを経営する田村満氏だった。田村氏が、岩手同友会が推進する『エネルギー・ヴェンデ』を自社の平泉ドライビングスクール新設に際して率先実行に移したことはすでに紹介した。支部設立に際して田村氏は、一時の思いだけではダメで、継続する組織でないといけないと考え、「3カ月続けて、30人参加する例会ができたら支部を立ち上げよう」とアドバイスし、それがなったところで気仙支部は生まれたのだった。

気仙支部は当初から、「経営者は雇用を増やす努力をする。このために一人でもいいから新卒を採用しよう」「この地域の中で一社もつぶすな」を合言葉に会員が切磋琢磨を続け、会員数は88人まで増えたという。

八木澤商店は河野氏が経営を引き継いだ直後、折からの大水害で工場は被災、社員に給与減額を申し入れるような窮地に陥っており、銀行からは貸金の引きあげ、貸し渋りを示唆されるに至っていた。そうした状況を、江戸時代から続く独自製法の醤油の販売拡大と社員の協力でようやく乗り切ることができ、これからというまさにそのときに3・11の大災難が、陸前高田に襲いかかってきたのだ。人口2万4000人の町で死者、行方不明者が1800人余、699あった事業所のうち604社が被災するという無残な数字が残っている。八木澤商店もなまこ塀で知られた店舗も、工場や倉庫も壊滅。残されたのは人だけという惨状だった。

ここで注目すべきは会員たちも社員たちも慌てふためくのではなく、社員たちは被災した人たちの救済に走り回り、一方、会員経営者は自社の経営再建に奔走するだけでなく、窮地に立つ仲間のために資金繰り情報の提供や経営の再建計画作成まで手を貸したということである。仲間の中には同友会の会員以外の経営者も含まれていた。

八木澤商店は、そうした中でも社員を一人も解雇しなかった。田村氏は高台にあった高田自動車学校の合宿生を親元に返すとともに、合宿所を避難施設として地元民に開放する一方、校舎を全国の同友会から送られてくる救援物資の配給拠点として活用、なおかつ気仙支部の対策拠点として様々な会議の場として提供した。

その根底には、先に記した気仙支部の「経営者は雇用を増やす努力をする。このために一人でもいいから新卒を採用しよう」「この地域の中で一社もつぶすな」との合言葉が、日々の切磋琢磨のなかで会員の血肉となっていたということだろう。

と同時に、気仙支部が三陸の小都市に基盤があり、会員は幼いころからの顔見知りで、地域に強い愛着を抱いていたことも、背景にあるかもしれない。

11年秋には、気仙支部は外部のNPO法人の協力も得ながら、「なつかしい未来創造」という会社を設立、田村氏が社長になり、企業と雇用の創出に動き始め、ここからも新しい企業が生まれている。現在、気仙支部の会員は被災企業の多さにもかかわらず80社台を維持している。地域を守るためにも、地域の雇用を守るためにも同友会の会員増は必須だということを、岩手同友会気仙支部の例は示している。

未来への課題と取り組み

ここまで同友会の様々な活動、歴史、特徴を記してきた。取材を通じて、記者は同友会という組織の魅力についつい引き込まれた。ここまで読んでいただいた方は、贔屓の引き倒しではないかと、おっしゃるかもしれない。

そこで、いささかなりとも客観性を取り戻すために、いくつかの気になった点を最後に記しておきたいと思う。

一つは「会社の寿命30年」とよく言われるが、組織も同様、30年もたつと初期のはつらつとした息吹は失われ、目的も時代の移ろいとともに陳腐化してしまう。同友会運動も前身ともいうべき全日本中小工業協議会（全中協）結成から72年、日本中小企業家同友会（現・東京中小企業家同友会）

の創立から62年、そして中同協設立から2019年でちょうど50年が経過する。同友会は、その点でどうかという点である。

例えば同友会の前身が全中協であることからわかるように、体質としては中小工業主体の団体であり、発想も大手メーカーに対する中小下請けという位置からのものが多いように見受けられる。しかし日本の産業構造が二次産業主体から三次産業へ移り、さらに情報・サービス産業のウエイトが増しつつあるいま、同友会の会員増の方向性はこのままでいいのかと思わないでいられない。

情報・サービス産業はある意味で、変化対応産業であり、経営はスピードが勝負という側面がある。メーカーのスピード感とはずいぶん違う。とすると、情報・サービス産業の経営者は同友会に魅力を感じるかどうか。経営戦略とか、成長理論とかいった思考を従来以上に積極的に取り入れる時代に入っているのではないだろうか。

また戦後から、高度成長期にはあまり問題にならなかった、人材確保。いま「ダイバーシティ経営」という言葉に切り替わっていると言っていいと思うが、同友会は女性活用にしても、障害者雇用についても、外国人労働者の雇用にしても、正面を向いて対処しているようには見えない。

同友会の女性活用は経営者夫人や女性起業家に向いていて、会員企業の女性従業員の活用にまで一部の例外を除いて目が向いていない。同友会であればこそ、大企業でさえ手をこまねいているその点を打破すべきではないだろうか。橋本久美子氏の吉村に見るように「よい会社」への大事な条件である。

外国人労働者の雇用も同様である。外国人労働者も安く使える労働力、いつでもクビにできる働き手というよくある考え方ではなく、「大事なパートナー」という認識で積極活用すれば、中小企業であっても新たな事業展開が可能だと考えられる。

それはヴィ・クルーの佐藤全氏の試みが示唆している。組織を挙げて論議してもいいテーマである。障害者雇用も、いまだ半分は同情心という側面、半分は政策への対応にとどまっているように見える。企業としての戦力という積極的発想に乏しいように見える。

同友会の基本理念「三つの目的」「自主・民主・連帯の精神」「国民と共に歩む中小企業をめざす」、それに「労使はパートナー」とする「労使見解」は理想主義的な面も含めて、いまだ鮮度が落ちてはいない。新入社員から幹部、経営者に至るまでの真剣な論議、学習も同様だ。だが、それでもなお刻々と変化する経済社会情勢に対応すべき部分が少なくないと最後に記しておきたい。後継者不足に対応する起業家育成なども、緊急の課題である。

最後に、本書を書いている間中、ひとつ脳裏から離れない疑問があった。そのことについて簡単に触れておきたい。それは同友会がなぜ中小企業経営者同友会でもなく、中小企業人同友会でもなく、中小企業「家」同友会なのだろうかということである。1957年の「日本中小企業家同友会設立趣意書」にすでに「中小企業家」という言葉が登場しているが、なぜ「中小企業家」という言葉が選ばれたのかは、いくつかの中同協関連資料を探してみても、明確なものは見つけられなかった。

どういう狙いで「中小企業家」と付けられたのだろうかと思っていたところ、取材の後半である中同協の幹部の一人が、ぼそっとこう話してくれた。彼は「私自身、設立時の古い話を知っているわけではありませんが」と前置きしたうえで、「作家、画家、作曲家、あるいは建築家のように、世間に尊敬される職業の人は『家』が付いている。設立に参加した人たちは中小企業の経営者として尊敬される存在になりたいと考えたのだと思います。尊敬される存在になるためには、先に挙げた作家や画家のように、並外れた努力が必要です。ですから同友会の経営者は、才能という点を別にして、日々学び続けることに努めているのだと思います」

これまで各地の同友会を取材し、記してきたことが、なるほどと納得できる説明だった。

ジャーナリスト、出版・編集プロデューサー

清丸恵三郎

1950年石川県小松市生まれ。早稲田大学第一政治経済学部卒。人間科学修士（教育学）。日本短波放送（現・日経ラジオ社）報道部プロデューサー、記者などを経て、ダイヤモンド・タイム社（現・プレジデント社）入社。「ビッグ・サクセス」「プレジデント」編集長、取締役出版局長などを歴任。この間、「プレジデント」をビジネス誌No.1に。1997年歴思書院を設立、以降、出版・編集プロデューサーの傍ら、「中央公論」「週刊東洋経済」「夕刊フジ」などを舞台にジャーナリストとして活躍。主な著書に『出版動乱』『ビア・ウォーズ』（以上、東洋経済新報社）、『ブランド力』『数字で楽しむ日本史』（以上、PHP研究所）、『北陸資本主義』『地方の未来が見える本』『江戸のベストセラー』（以上、洋泉社）などがある。

小さな会社の「最強経営」

2019年10月19日　第1刷発行

著者　清丸恵三郎
発行者　長坂嘉昭
発行所　株式会社プレジデント社
〒102-8641　東京都千代田区平河町2-16-1
平河町森タワー13階
編集(03) 3237-5457　販売(03) 3237-3731
https://www.president.co.jp/
編集　田原英明
制作　小池 哉
装丁　草薙伸行 ●Planet Plan Design Works
イラスト　田中紗樹
販売　桂木栄一　高橋 徹　川井田美景　森田 巌　末吉秀樹
印刷・製本　株式会社ダイヤモンド・グラフィック社

　ISBN978-4-8334-5149-9